KB247907

우리는
웃기는
리더를
존경한다

우리는 웃기는 리더를 존경한다

초 판 1쇄 인쇄 2005년 5월 30일
개정판 1쇄 발행 2010년 8월 5일
개정판 3쇄 발행 2022년 11월 11일

지은이 임봉영
펴낸이 김선식

경영총괄 김은영
콘텐츠사업1팀장 임보윤 **콘텐츠사업1팀** 윤유정, 한다혜, 성기병, 문주연
편집관리팀 조세현, 백설희 **저작권팀** 한승빈, 김재원, 이슬
마케팅본부장 권장규 **마케팅2팀** 이고은, 김지우
미디어홍보본부장 정명찬 **홍보팀** 안지혜, 김민정, 오수미, 송현석
뉴미디어팀 허지호, 박지수, 임유나, 송희진, 홍수경 **디자인파트** 김은지, 이소영
재무관리팀 하미선, 윤이경, 김재경, 오지영, 안혜선
인사총무팀 강미숙, 김혜진 **제작관리팀** 박상민, 최완규, 이지우, 김소영, 김진경, 양지환
물류관리팀 김형기, 김선진, 한유현, 민주홍, 전태환, 전태연, 양문현, 최창우

펴낸곳 다산북스 **출판등록** 2005년 12월 23일 제313-2005-00277호
주소 경기도 파주시 회동길 490
전화 02-702-1724 **팩스** 02-703-2219 **이메일** dasanbooks@dasanbooks.com
홈페이지 www.dasan.group **블로그** blog.naver.com/dasan.books
종이 (주)한솔피앤에스 **출력·인쇄** (주)북토리

ISBN 978-89-6370-295-7 03320

· 책값은 뒤표지에 있습니다.
· 파본은 구입하신 서점에서 교환해드립니다.
· 이 책은 저작권법에 의하여 보호를 받는 저작물이므로 무단 전재와 복제를 금합니다.

다산북스(DASANBOOKS)는 독자 여러분의 책에 관한 아이디어와 원고 투고를 기쁜 마음으로 기다리고 있습니다.
책 출간을 원하는 아이디어가 있으신 분은 다산북스 홈페이지 '투고원고'란으로 간단한 개요와 취지, 연락처 등을 보내주세요.
머뭇거리지 말고 문을 두드리세요.

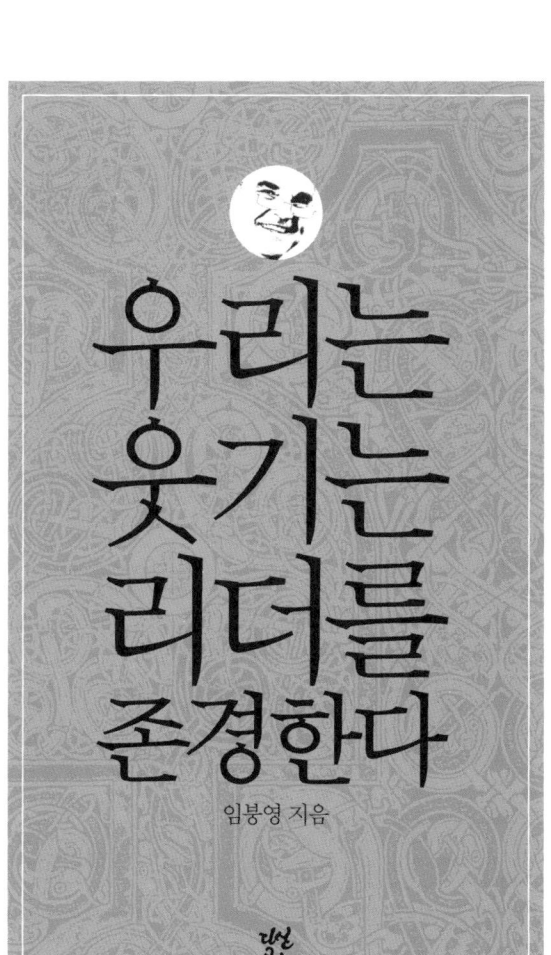

우리는 웃기는 리더를 존경한다

임봉영 지음

디셀북

리더의 유머 한마디가 회사를 살린다

한 CEO가 직원의 주례를 보게 되었다. 처음 보는 주례라 긴장이 많이 되어 한 달 전부터 미리 연습을 하고 예식장에 갔다. 그런데 신부를 보는 순간 눈이 겉돌기 시작하더니 준비한 원고를 다 잊어버렸다. 이렇게 예쁜 여자는 생전 처음 보았기 때문이다. 그는 허둥대다 결국 말실수를 하고 말았다.

"신부는 죽을 때까지 이 주례를 사랑하겠는가?"

하객들은 웃고 난리가 났다. 하지만 양가 부모와 친척들은 망신살이 뻗쳐 몸둘 바를 몰랐다. 주례의 말 한마디 실수로 하객들은 웅성이기 시작했다. 이때 그는 웃으면서 점잖게 한마디 했다.

"보십시오. 신부는 대답을 안 했습니다. 이는 오직 신랑만을 사랑하겠다는 증거입니다."

결혼식장은 재치 있는 주례의 말솜씨에 박수를 보내며 웃음바다로 넘쳐났다.

만약 CEO에게 위트 넘치는 유머 감각이 없었다면 어떤 일이 벌어졌을까. 이처럼 유머는 난처한 상황을 극복할 수 있는 무기 역할을 한다. 또한 유머가 윤활유 역할 이상의 마력을 갖는다는 것을 의미한다. 지식이나 논리로 풀어나갈 수 없는 문제도 상황에 적합한 유머 한마디로 웃음을 이끌어내고 위기를 극복할 수 있게 해준다. 무엇보다도 유머를 적당히 구사하면 자신의 약점을 숨기고 오히려 친근한 관계를 만들어나가 신뢰하는 분위기를 만들어나갈 수 있다.

저널리스트이자 베스트셀러 작가인 말콤 글래드웰은《아웃라이어 Outlier》에서 다음의 사실을 발견한다. 많은 생명을 앗아간 대형 비행기 사고를 조사해 보니 기장이 조종할 때가 부기장이 조종할 때보다 더 치명적인 사고가 났다는 것이다. 위기상황이 닥치면 조종사는 부기장에게 "제대로 해!" "기수 돌려!" "지금 뭐하는 거야. 똑바로 못해" 등 거침없이 말을 한다는 것이다. 그런데 기장이 조종할 때에는 위기상황에서도 부기장이 선배인 기장에게 직설적인 화법을 구사하지 못하고 완곡한 어법을 사용하여 결국 치명적인 사고로 이어진다는 것이다. 이 모습은 비단 조종사에게만 일어나는 일이 아니다. 일반 조직에서도 쉽게 찾아볼 수 있는 모습이다. 이러한 환경에서는 일의 생산성도 오르지 않을뿐더러 비전도 보이지 않는다. 조직에 필요한 것은 유머다. 지금이야말로 일터를 놀이터로 만들 수 있는 혁명적인 변화가 필요한 때이다.

유머경영은 신나는 일터 만들기다. 그러기 위해서는 자연히 유머 문화가 존중되어야 하며, 여기에는 무엇보다도 리더의 유머 감각이 필요하다. CEO의 유머 한마디가 회사 분위기를 바꾸고 직원들의 스트레스를 감소시키며 열정적으로 일할 수 있는 동기를 부여한다. 유머 리더와 함께 일하는 직원들은 그렇지 않은 직원에 비하여 성실하며 창의적이다. 또한 자신 있게 잠재능력을 발휘하게 된다. 일을 놀이로, 일터를 놀이터로 만들 수 있다면 기업과 직원, 고객 모두가 행복해질 수 있다. 이제는 유머가 경쟁력이다.

이 책을 새롭게 다듬으면서 특히, 유머 감각과 재미를 사랑하고 이를 기업경영에 도입한 리더들의 사례와 지혜를 추가로 담았다. 포스코 그룹의 정준양 회장, 하나은행의 김정태 은행장, 남부지방산림청의 이창재 청장, DYB최선 어학원의 송오현 원장, 구글의 놀이경영 이야기는 재미와 유머를 넘어 21세기 글로벌 시대를 살아가는 지혜를 줄 것이다.

아이슈타인은 "성공이 행복이 아니라 행복이 성공"이라고 말한 바 있다. 즉, 행복하게 일해야 성공할 수 있다. 리더가 유머가 넘치고 웃기면 직원들은 더 열정적으로 일하고 충성심을 보일 것이다. 이제는 지식이나 시스템을 갖고 성공하는 시대는 지났다. 그렇기에 더더욱 리더인 당신부터 웃기는 리더로 거듭나야 한다. 이 세상은 "웃기는 리더를 존경한다."

유머 컨설턴트 임붕영

차례

2장 웃기는 리더의 창조경영 이야기

3장 웃기는 리더를 만드는 9가지 마인드

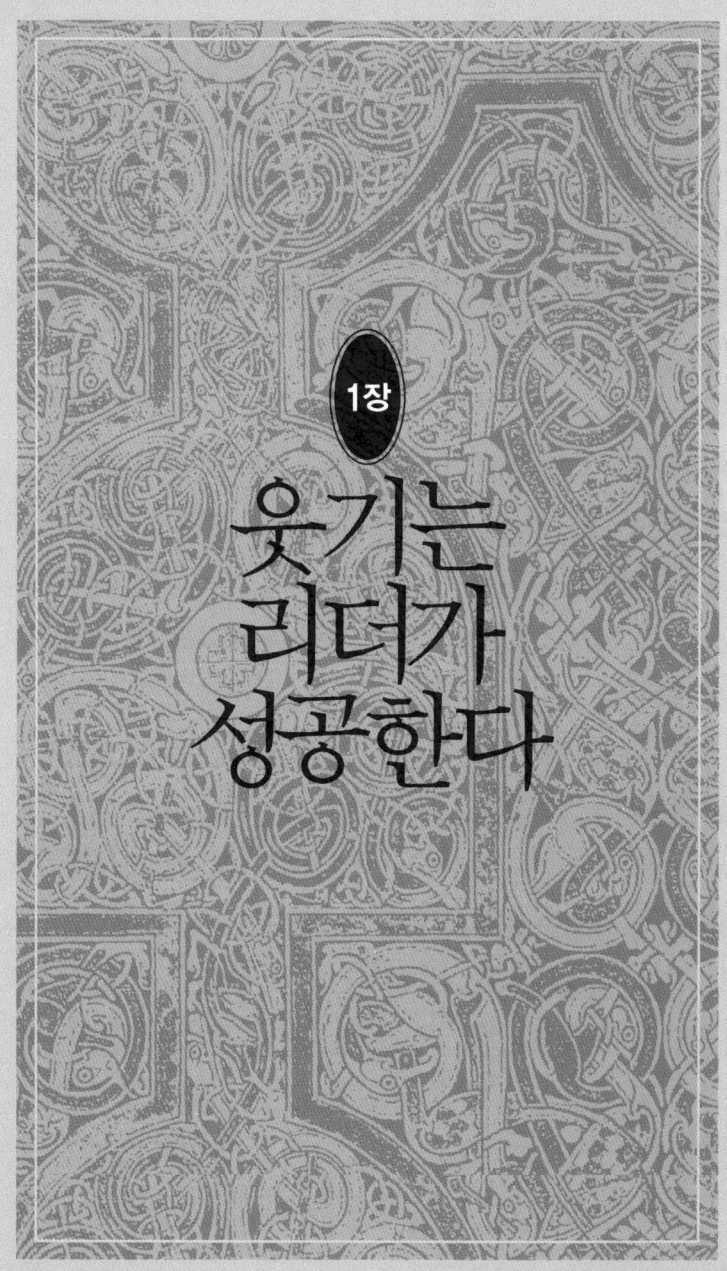

1장

웃기는 리더가 성공한다

닉슨은 대통령 선거에서 떨어진 후 패배의 원인을 분석하였다.

그 과정에서 심각한 사실을 발견했다.

방송이나 신문, 잡지, 선거 포스터에 담긴 자신의 얼굴에서 미소를 찾아볼 수 없었던

것이다. 닉슨은 본인이 선거에서 패한 원인은 다름 아닌 딱딱하게 굳어 있는

표정 때문이라고 판단하고, 본격적으로 표정을 바꾸는 훈련에 들어갔다.

결국 4년 후 닉슨은 미국의 대통령이 되었다.

여기에는 여러 가지 성공 요인이 있겠으나, 표정을 부드럽게

바꾸었기 때문이라고 말하는 사람들이 많았다.

이처럼 표정이 바뀌면 운명도 바뀐다.

존경받는 리더에게는 유머가 있다

웃음은 가장 값싸고 가장 효과 있는 만병통치약이다.
웃음은 우주적인 약이다.

—버트런드 러셀

"개천에서 용 난다는 말을 네 자로 나타낸다면?"
"돌연변이."

한국을 살고 싶은 나라로 만들기 위해서는 웃음과 유머를 지닌 리더가 필요하다. 대통령의 유머 한마디는 국민에게 안정과 신뢰를 줄 뿐 아니라 한국의 정치 수준을 높여줄 것이다. 그래서 이 책을 쓰는 과정에서 나는 청와대에 유머 비서관을 두어 국민에게 웃음을 주는 정치를 펼치면 어떨까 하는 발상을 해보았다.

이런 유머가 있다.

"백악관에는 있는데 청와대에는 없는 것은?"

"유머."

정치적인 리더십을 발휘하는 데 유머는 강력한 무기가 된다. 백 마디의 연설보다는 한 토막의 유머가 사람에게 믿음을 주고 리더의 카리스마를 돋보이게 하는 것이다.

최근 우리 사회는 소통의 문제로 골머리를 앓고 있다. 유머야말로 심리학이나 뇌과학에서 증명된 소통의 윤활류다. 리더는 유머를 배워 부드러운 조직 문화를 만들고 소통의 기술을 높여야 한다.

선진국의 지도자들이 유머를 잘 구사하는 것도 그런 재능을 타고 났기 때문이 아니라 유머 비서관을 따로 두어 적재적소에 활용할 수 있는 아이디어를 제공받기 때문이다.

또한 집안이 행복해지려면 부모가 웃음을 잃지 않아야 한다. 어른들의 웃음은 온 식구들을 전염시켜 행복한 분위기를 만들어준다. 기업도 마찬가지다. 직원이 즐거우면 일의 결과도 만족스러울 것이고 고객 감동을 이끌어낼 것이다.

따라서 일류 기업으로 성장하기 위해서는 사장부터 유머 리더십을 배워야 한다. 사장의 유머 한마디는 직원들에게 사기를 북돋아주고, 충성심을 이끌어내며, 자신감과 믿음을 줄 것이며, 원만한 인간관계를 형성하게 한다.

21세기의 경쟁력은 문화다. 첨단 기술을 획득하거나 반도체를 많이 수출하는 것이 능사가 아니며, 무형의 가치를 많이 만들어내는 것이 실력이다. 그러나 한국인은 다른 나라 사람들에 비해 대체적으로 무표정하다고 한다. 이것은 글로벌 시대에 경쟁력을 뒤쳐지게 하는 요인이다. 정이 많은 민족이면서도 웃음과 유머가 부족한 이유는 무엇일까. 나는 그 이유를 세 가지로 지적하고 싶다.

첫째, 성격이 급하다.

한때 한강의 기적을 일으킨 우리는 세계적인 경제 성장의 모델이 되기도 했지만, 너무 바쁘게 살아오다 보니 유머를 즐길 만한 여유가 없었다. 교통사고 사망률이 세계 최고라는 통계가 이 사실을 뒷받침해 주고 있다. 유머는 여유 있는 환경에서 비롯된다. 쫓기듯이 일에 파묻혀 살면 생활 속에 깃든 웃음을 찾을 수가 없다.

둘째, 큰 것만 좋아한다.

내가 가진 자동차가 아무리 괜찮아도 친구나 이웃이 더 큰 자동차를 소유하게 되면 만족스럽지가 않다. 집이나 땅도 마찬가지다. 이처럼 특별히 부족한 게 없으면서도 남들과 비교하는 게 문제다. 이러한 데서 받는 열등감은 유머를 잃게 만든다. 내 것의 소중함을 느끼는 사람에게만 웃음이 깃든다.

셋째, 사소한 일에 목숨 건다.

남의 일에 관심이 많아 참견을 하거나 별일도 아닌데 열을 올린다. 그보다는 자기 삶에 충실하고 자기만의 행복을 찾아가는 일을 소중히 할 필요가 있다.

"한국인의 표정은?"

"악어."

"왜?"

"표정이 없으니까."

더 이상 이런 쓸쓸한 유머는 생기지 않았으면 한다.

원래 우리 선조들은 유머를 즐길 줄 알았다. 가난 속에서도 여유와 배짱을 지니고 있었고, 그리하여 해학과 풍류를 즐겼던 선조들의 마음 자세를 되찾아야 한다.

성공한 리더들의 공통점은 무엇인가. 그것은 바로 유머다. 유머는 사람을 모이게 하고 신뢰를 심어주는 마력을 지니고 있다. 그러므로 유머란 있으면 좋고 없어도 그만인 요소가 아닌, 21세기 리더가 갖추어야 할 필수 덕목이라고 할 수 있다. 상대로부터 웃음을 끌어낼 수 있는 사람은 자신이 원하는 것을 얻어내기가 쉽다. 개인의 잠재 능력 계발이나 가정의 행복, 직장에서의 성공은 얼마나 웃음을 잘 다루는가의 여부에 달려 있다.

웃을 수 있는 능력은 만인에게 평등하게 주어진, 신이 내린 선물이다.

유머 리더가 되어야 할 6가지 이유

유머 감각을 갖는 데는 돈이 들지 않지만
유머 감각을 갖지 못하면 많은 비용을 초래할 수 있다.

─밥 로스

"가장 효과적인 변비약 광고 문구는?"

"확실히 싸게 해드립니다."

유머는 21세기의 기업 경영 리더십이다

첨단 21세기에 왜 유머인가? 이 물음은 뒤집어보면 왜 우리는 웃지 않는가와 직결되는 질문이다. 무엇 때문에 많은 기업이 예산을 들이면서까지 유머 교육을 시키고 유머 리더십을 통한 생산성 향상에 열을 올리는가. 무엇 때문에 재미있는 일터 만들기에 경쟁적으로 열을 올리는가.

사우스웨스트 항공사의 허브 켈러허 회장은 애초에 유머가 없는 사람은 직원으로 선발하지 않을 만큼 유머 리더십을 기업 경영에 도입한 사람이다. 이 회사에서는 신입 사원 면접을 볼 때 면접관들이 옷을 뒤집어 입거나 괴이한 옷을 입고 나타나기도 한다. 회사를 지원한 사람들이 어떤 웃음의 자세를 갖고 있는가를 분석하기 위해서라고 한다.

또한 3분 정도 긴장된 분위기를 조성해 놓고는 갑자기 지원자에게 "나를 웃겨보시오"라고 주문하는 등 유연성과 창의성을 테스트하는 것으로도 유명하다. 그만큼 학벌이나 실력 이상으로 유머 감각을 중시하기 때문이다.

하이테크 시대에는 하이터치의 유머 리더십이 요구된다. 더 이상 지식의 논리나 제품으로만 기업을 리드해 나갈 수 없다. 이제 유머는 단순히 정서적인 차원에서가 아니라 자신의 존재를 돋보이게 하고 능력을 배가시킬 수 있는 리더십의 핵심 요소로 자리 잡고 있다. 좀 더 부드러운 사람으로 인정받고 싶다면, 순조롭게 목표를 달성하고 싶다면, 적을 만들고 싶지 않다면, 유머를 간직하라. 유머는 당신을 당신답게 만드는 비결을 줄 것이다.

기업 문화가 달라지고 있다

얼마 전까지는 연공서열에 따라 조직이 전개되고 정보도 위에서 아래로 흐르는 수직적인 기업 문화가 주를 이뤄왔다. 그러나 요즘은 일반 직원들의 의견이 존중되고 팀 중심의 기능이 강화되는 수평적

형태로 발 빠르게 변하고 있다. 이것은 기업 중심의 논리에서 구성원 중심으로 바뀌는 것이며, 나아가 고객 중심으로 바뀌었음을 증명하는 것이다.

이러한 환경에서 기업은 과거의 통치 논리나 경험에 의한 경영 방식보다는 시장 중심으로 발상을 전환해야 한다. 즉 고객이 원하는 것을 찾아내어 판매하는 서비스 중심, 감성 중심으로 추구해야 한다.

21세기는 하드웨어 사회에서 소프트웨어 사회로의 변화가 가속화됨에 따라 인간 중심의 경영 철학이 대두되었고, 인적 자원의 중요성이 더욱 강조되고 있는 실정이다. 즉 기업의 가장 중요한 요소인 인적 구성을 개편하여, 직원들의 창의성 증대와 감성 능력에 더 비중을 두어야 한다는 것을 뜻한다.

미국의 경영학자 피터 드러커는 "사람들에게 공동의 목표와 가치, 올바른 조직 구조와 계속적인 학습, 계발의 가능성을 주면서 그들로 하여금 성과를 높이도록 하는 것"이 기업 경영의 중심 과제가 되고 있다고 강조한 바 있다.

이처럼 구성원에게 힘을 실어주고 비전을 제시하여 성과를 창출해 나가기 위해서는 그들이 편하게 느낄 수 있는 조직 문화를 만들어주어야 한다. 따라서 기업 문화는 전반적으로 다음과 같은 질문을 통해 자체 점검해야 한다.

ㅇ 우리 기업이 원하는 것은 무엇인가.
ㅇ 우리는 지금 어디로 가고 있는가.

○ 우리가 추구하는 가치는 궁극적으로 무엇인가.

○ 우리의 비전은 무엇인가.

○ 우리는 신나게 일하는 기업 문화를 갖고 있는가.

○ 우리는 구성원들에게 충분한 동기를 주고 있는가.

○ 우리의 이미지는 어떠한가.

○ 우리는 개인의 발전과 끼를 살릴 수 있는 풍토를 갖고 있는가.

○ 우리는 구성원들의 정서적 가치를 충분히 보장하고 인정하는가.

○ 우리는 시대 환경에 맞는 기업 문화 코드와 개방적인 시스템을 충분히 갖추고 있는가.

조직 구성원들의 지식뿐 아니라 감성 능력이 중시되는 방향으로 기업 문화가 변해감에 따라 유머경영은 기업 문화의 중요한 요소가 되었다. 이러한 유머경영이 뿌리를 내리기 위해서는 개인의 끼와 자질, 감성적 능력이 발휘될 수 있는 환경이 조성되어야 한다.

유머경영이란 우스운 이야기를 많이 안다고 해서 되는 게 아니다. 유머가 조직적 성과로 이어질 수 있게 시스템을 구축하는 것이 바로 유머경영의 핵심이다.

신나는 일터를 만들어내기 위해서는 다음과 같은 기법들을 활용할 수 있다.

○ 유머를 경영 전략의 요소로 활용한다.

○ 근무 중에 유머를 나눌 수 있는 풍토를 조성한다.

○ 사장이 즐겨 쓰는 유머를 직원들에게 알려 함께 나눈다.

○ 재미있는 일터 만들기 현상 공모를 하여 조직 문화를 바꾼다.

○ 사내 유머집을 발간한다.

○ 유머 특강을 실시하고 유머 교육을 정규교육에 포함시킨다.

○ 가족과 함께하는 유머의 날을 운영하여 팀워크를 향상시켜 나간다.

○ 인트라넷에 오늘의 유머를 매일 띄운다.

○ 유머 지수를 정기적으로 조사하고 이를 기업 문화에 반영한다.

○ 규제와 규칙에 얽매이지 않고 자유로운 근무 환경을 시범적으로 한 부서에 적용하여 업무 성과를 분석하고 비교해 본다.

감성 세대가 리더로 부상한다

젊은 세대의 이슈는 바로 '재미'다. 인쇄 매체보다는 영상 매체의 영향 속에서 자란 감성 세대기 때문이다. 그들에게 진지함과 엄숙함이란 고리타분하고 재미없는 일이며, 거래될 수 없는 분야며, 오히려 그들을 질식시키기에 충분하다.

그런 신세대들이 직장을 떠나는 이유 중에는 경직된 조직 문화에 적응하지 못한 경우가 많다. 그들에게는 일보다는 재미와 여유 그리고 즐겁게 일할 수 있는 풍토가 더 중요하다는 말이다. 즉, 그들은 틀에 박힌 원칙이나 지시보다는 위트나 유머를 구사할 수 있는 자유로운 풍토에서 일하기를 원한다. 각종 조사를 살펴보면 그러한 환경 속에서 생산성이 향상되고 성과가 높은 것으로 나타나 있다.

감성 세대는 다음과 같은 특성을 나타내고 있다.

○ 일보다는 재미를 추구하는 경향이 강하다.

○ 저축보다는 소비 행위에 관심이 많다.

○ 승진보다는 즐겁게 일하는 풍토를 원한다.

○ 원칙보다는 유연함을 강조한다.

○ 서열보다는 끼를 중시한다.

○ 일하기 위해서 쉬는 것이 아니라 쉬기 위해서 일한다.

○ 여가 활용에 대한 욕구가 강하다.

○ 놀이 문화에 익숙하다.

○ 틀에 박힌 조직보다는 간섭하지 않는 자유로운 환경을 선호한다.

이 같은 감성 세대가 점차 리더 그룹으로 부상하고 있다. 따라서 그들의 사고와 유연함에 적합한 놀이 문화와 유머경영을 혼합시켜 나가는 길이 기업의 비전을 창출하는 일이며 가치를 공유하는 길이다.

글로벌 시대에 살아남아야 한다

국제적인 무한 경쟁 시대에서 살아남으려면 세계 공통의 매너와 에티켓으로 무장해야 한다. 그중 가장 중요한 것이 유머다. 유머는 강력한 커뮤니케이션 수단이며, 웃음을 통해 친근감을 형성하고 비즈니스를 원활하게 해주는 역할을 한다. 그래서 웃음은 만국 공통어라고 하지 않는가.

세계적인 기업들이 각 나라의 문화를 익히고 현지 마케팅을 위해 그 나라마다의 유머를 공부하는 현실만 보아도 글로벌 시대의 경영

패턴이 어떠한지를 엿볼 수 있다. 예를 들어 바이어와의 만남에서 친근한 유머를 사용하는 것은 협상을 유리한 고지로 이끌어주거나 리드해 나갈 수 있는 고지를 선점하게 해준다.

글로벌 마케팅을 위한 유머경영 기법에는 다음과 같은 것들이 있다.

- 바이어를 만나기 전에 그 나라에서 유행하는 유머를 다섯 가지 정도 알아둔다.
- 상담 시에는 반드시 유머를 사용하여 친근감을 조성한다.
- 미소를 잃지 않는다.
- 가능하면 그 나라에서 유행하는 인형이나 캐릭터 선물을 준비한다.
- 명함에 익살스러운 모습의 사진을 담는다.
- 유연함을 잃지 않는다.
- 상대방의 사소한 말이라도 유머로 대응하여 웃을 수 있는 분위기를 만들어간다.
- 업무 중심의 대화보다는 많이 웃을 수 있는 기회를 만들어낸다.

일의 개념이 바뀌고 있다

개미처럼 일만 하던 시대는 지났다. 오히려 베짱이처럼 일보다는 놀이에 익숙한 시대다. 따라서 즐겁게 일하고 신나게 놀 수 있는 기업 풍토를 만들어가는 것이 곧 생산성을 향상시키는 길이다. 일에서 즐거움을 찾을 수 없다면 그는 주어진 일이나 수행하는 노예와 다를 바가 없다.

훌륭한 기업은 공통적으로 재미를 느낄 수 있는 시스템과 문화를 갖고 있다. 일터를 행복의 터전으로 조성함으로써 일을 단순히 노동 이상의 개념으로 확장시킨 것이다. 물론 유머경영을 도입한 기업들은 즐겁게 일할 수 있는 분위기에서 생산성이 높아지고 팀워크와 신뢰성이 향상되었다는 가시적 성과를 나타내고 있다. 이처럼 바람직한 기업 문화를 만들어가기 위해서는 다음과 같은 요소들을 실행해 나가야 한다.

○ 일 속에 숨겨진 재미를 찾기 위해 노력한다.

○ 놀이처럼 일할 수 있는 방법을 회사 차원에서 연구한다.

○ 경직된 분위기를 없앨 수 있는 캠페인을 실시한다.

○ 일터에 항상 유머 게시판을 운영하여 감성을 자극한다.

○ 유머가 근무 시간에 허용되도록 제도적인 장치를 마련한다.

○ 유머가 창의성을 자극하고 동기를 부여한다는 사실을 구성원들이 인식하도록 한다.

○ 기존의 딱딱한 관습이나 전통을 점차적으로 폐지한다.

○ 윗사람은 언제나 유머로 아랫사람과 대화할 준비가 되어 있어야 한다.

○ 일 자체보다는 인간관계에서 스트레스가 온다는 사실을 이해한다.

○ 유머가 기업의 이미지나 조직 문화를 변화시킨다는 사실을 명심한다.

고객 만족의 개념이 달라지고 있다

이제 고객은 상품 자체만을 구매하지 않는다. 상품 속에 담긴 무형의 가치까지 구매하는 것이다. 그들은 상품의 이미지를 소비함으로써 만족과 쾌락을 느낀다. 고객의 이러한 변화는 기업 경영의 전략을 변화시키고 있으며, 그에 따라 차별화 전술을 강구해 나가지 않으면 안 되는 상황이 되었다. 고객의 입맛이 변하면 모든 것도 그에 따라 바뀌어야 한다.

현대 경영학의 핵심 요소는 이윤 추구에 있는 것이 아니라 고객 만족을 통해서 발전하는 것이다. 이제는 유머 서비스가 경영의 핵심적인 관심사로 등장하고 있으며, 이것이 현대 기업이 안고 있는 과제 또는 생존을 위한 수단이 되고 있다.

유머 서비스는 눈에 보이지 않는 무형의 상품이며 소리 없는 강력한 메시지다. 이제는 기업이 제품 판매에만 의존하던 시대는 지났다. 제품만으로는 더 이상 차별화가 어려워지고 있으며 고객의 까다로워지는 욕구를 충족시킬 수 없다. 사회구조가 점차 다원화되면서 물질 중심의 하드웨어 사회는 서비스 중심의 소프트웨어 사회로 변하였고, 이에 따라 소비자의 구매 심리에서부터 소비 행태에 이르기까지 과거와는 다른 형태를 띠고 있다.

최근에는 인터넷에 의존하는 네트웨어 Netware 사회로 급속히 변화하면서 소비자의 의식 구조나 소비 패턴 등에서 과거에 체험하지 못했던 새로운 변화가 일고 있다. 이에 따라 기업도 뭔가 차원을 달리하는 고객 만족의 서비스 기법을 경쟁력의 무기로 삼게 되었다. 이처럼 기업이 서비스에 많은 투자를 하는 이유는 서비스가 기업의 얼굴 역할을 하며 경영 철학을 대변해 주기 때문이다.

고객 만족 서비스 개념이 왜 경영의 중요한 과제로 제기되고 있는 가? 궁극적으로 고객이 원하는 서비스란 무엇인가? 서비스가 불량이면 왜 제품이 불량이 되는가? 유머는 어떠한 역할을 하는가?

고객의 개념이 변하고 가치 기준이 변하면서 고객 만족 경영에 다음과 같은 유머 전략을 도입할 수 있다.

○ 상품이 아니라 재미를 팔기 위해 노력한다.

○ 기억할 만한 서비스를 유머 있게 전달한다.

○ 유머 있는 언어를 구사한다.

○ 근무 복장을 재미있게 바꾸어본다.

○ 매장 분위기도 고객 중심으로 재미있게 바꾸어본다.

○ 고객과 게임을 할 수 있는 기법을 개발한다.

○ 익살맞은 인형이나 선물을 제공한다.

○ 고객이 참여하는 유머 대회를 개최한다.

○ 최고의 유머 고객을 선발하여 시상한다.

○ 정기적으로 유머 사이트를 운영하여 고객의 참여를 유도한다.

○ 제품 설명서를 유머 있는 문장으로 바꾸어본다.

○ 포장지 디자인을 유머 있는 그림으로 꾸민다.

○ 유머 교육을 정기적으로 실시한다.

○ 항상 10가지 이상의 유머를 구사할 수 있도록 외운다.

○ 유머 퀴즈를 내어 경품을 제공한다.

○ 매장에 유머 게시판을 운영하여 고객의 관심과 흥미를 불러일으킨다.

당신은 어떤 리더인가

삶이 진지할수록 유머가 더욱 필요하다.

— 빅토르 위고

평소에 귀가 잘 들리지 않는 사람이 병원을 찾았다.

"의사 선생님, 제 귀에 이상이 있나 봐요?"

"왜죠?"

"잘 안 들려요."

"어느 정도나 심각하죠?"

"요즘 들어서는 제 방귀소리조차 잘 들리지 않아요."

잠시 후 의사는 처방전을 주며 말했다.

"그러면 식후에 이 알약을 꼭 세 알씩만 복용하십시오. 금방 효과
가 나타날 겁니다."

"그럼 잘 들리나요?"

"아닙니다. 방귀소리를 크게 하는 약입니다."

소통이 되지 않으면 고통이 따른다. 소통이 이루어지면 운수대통이 이루어진다. 기업은 사람이라는 말이 있다. 사람의 역할이 절대적으로 중요하다는 말이다. 문제는 우수한 직원을 채용해도 그들과 비전을 나누고 소통할 수 없다면 모두가 허사다. 특히 CEO의 과업은 전체 구성원들과 원활한 소통의 장을 마련하는 데 있다. 조직에서 소통 없이 이루어질 수 있는 것은 아무것도 없기 때문이다. 위에 나온 유머는 소통이 얼마나 소중한가를 보여준다. 이런 상황에서는 환자가 의사를 신뢰할 수 없으며 소통의 벽만 높아질 뿐이다. 무심코 던진 말 한마디가 신뢰의 다리가 될 수 있지만 자칫 상대와 나를 가로막는 벽이 될 수도 있다. 당신은 다리를 선택할 것인지, 벽을 만들 것인지 선택해야 한다.

나는 그동안 CEO를 대상으로 강의와 컨설팅을 하면서 그들의 유형을 다음과 같이 여섯 가지로 분류할 수 있었다. 다음에 제시하는 여섯 가지 유형 중에서 당신은 어떤 유형인지 점검해 보라.

동고아락 리더

동고아락同苦我樂 리더란 동고동락同苦同樂이 아니라 고생은 함께하면서 자기만 즐기려는 리더를 말한다. 한마디로 폐쇄적인 리더라 할 수 있다. 회사 상황을 직원들에게 알리기를 꺼려하며 그저 일만 열심히 하다보면 언젠가는 좋은 일이 있을 것이라고 말한다. 동고아락 유형은 직원들에게 늘 이렇게 말한다. "이 회사는 내 것이 아니라 항상 여러분의 것입니다." 직원들은 이런 말을 가장 빤한 거짓말이라고 믿는다. 그리고 유능한 직원을 채용했다 하더라도 그들은 기회만 생기면 다른 회사로 옮겨갈 준비를 하고 있다. 구성원들은 동고동락하는 리더와 함께 숨 쉬고 미래를 열어가고자 한다. 고생은 함께하는 척하지만 재미는 혼자 보겠다는 리더는 어느 조직에서도 환영받지 못한다. 설사 운 좋게 그 자리에 쉽게 올라섰다 하더라도 그의 미래는 없다. 추종자가 없는 리더는 있을 수 없기 때문이다.

'소리장도笑裏藏刀'라는 말이 있다. 이는 36계 중 하나로 겉으로는 웃지만 속으로는 무서운 칼을 숨기고 있는 것이다. 웃음으로 유인하고 비수를 꼽겠다는 전략이다. 동고아락은 바로 이런 유형의 리더십이다. 소리장도 전략은 구성원들에게 해서는 안 되는 해악이다. 진실성이 결여되어 있는 동기부여나 입으로만 그럴듯하게 떠드는 칭찬도 여기에 해당된다. 힘들 때 같이 울어주고 재미있을 때 같이 웃어주는 마음이 통하는 동고동락 리더로 거듭나야 한다.

내엄외소 리더

내엄외소內嚴外笑 유형의 리더는 회사 안에서는 엄숙하지만 정작 밖에 나가면 희희낙락하는 리더를 말한다. 직원들 앞에서는 언제나 근엄하고 어깨에 힘을 주며 권위를 내세우는 사람은 모두 내엄외소형이라 할 수 있다. 부족한 리더일수록 무게 잡는다는 말이 있다. 자신의 부족함을 숨기기에는 이 전략이 안성맞춤이기 때문이다.

이런 유형은 언제나 수평적인 조직 문화보다는 피라미드식의 수직적인 조직 문화를 선호한다. 또한 직원들에게는 어느 정도 권위를 내세워야 위신이 선다는 낡은 착각에 빠져있는 리더상이다. 직원들 앞에서 웃고 재미를 나누면 자신의 리더십에 흠이 가는 것으로 착각하는 유형이 여기에 해당한다. 이런 리더일수록 직원들에게 웃으라고 다그치며 친절이 생명이라고 외친다. 웃음은 가르쳐서 되는 것이 아니다. 웃음은 전염되는 것이다. 그러기 위해서는 리더 먼저 웃어야 하며 이것이 조직 문화로 뿌리내릴 수 있어야 한다.

CEO를 대상으로 강의를 하다보면 이런 질문을 하는 리더들을 만날 수 있다.

"밖에서는 다른 사람들이 나처럼 재미있는 CEO와 함께 일하고 싶다고 하는데, 정작 회사에 들어가면 엄숙해지고 진지해집니다. 괜히 권위를 내세우게 되고 칭찬보다는 문제를 지적하는 데 시간을 낭비하는 것 같습니다."

이런 리더들은 선배들이 물려준 그들의 전통에 빠져 답습하는 유형이다. 신세대 문화를 이해하고 그들이 선호하는 일터문화를 배워 나가야 한다. 내엄외소 리더는 천재를 뽑아놓고 바보로 만드는 어리석은 리더라 할 수 있다.

만사사통 리더

"만사형통萬事亨通이란?"

"만사가 형을 통하여 이루어진다."

"그럼 만사사통萬事社通이란?"

"만 가지 일이 사장을 통하여 이루어진다."

만사사통 리더들은 만사가 사장을 통해 이루어져야 한다고 고집 부린다. 이 유형은 직원들을 신뢰하지 못하며 게다가 권한도 부여하지 못한다. 모든 것을 직접 챙기고 자신이 회사에 없으면 망할 것이라고 믿는 독불장군 스타일이다. 직원들과 비전을 나누고 운명을 같이 하는 스타일이 아니라 돈을 주고 고용한 관계라는 인식을 갖고 있다. 그러니 리더의 마음은 철문처럼 늘 닫혀 있다.

유능한 리더는 권한을 위임하고 무능한 리더는 모든 일을 혼자 처리하려 한다. 당신은 "내가 없으면 조직이 돌아가질 않는다"라고 믿고 있지는 않은가. 그렇다면 당신은 틀림없이 만사사통의 리더다. 시간이 지나면 지날수록 당신에게는 여유는 더 없고 게다가 당신 주변에서 웃음을 찾기는 더더욱 어렵다. 늘 일에 치여 살고 혼자 고민하고 혼자 스트레스 받는다. 유능한 직원을 뽑아놓고 그들에게 권한을 부여하지 않으며 혼자 처리하려 드는 당신이야말로 모든 구성원의 중심에 서 있는 것 같지만 사실은 늘 혼자라는 것을 명심하라. 진짜 만사형통이 되기 위해서는 구성원들과 의사소통이 되어야 한다. 아무리 높은 지위에 오르고 막강한 권한을 갖고 있다 해도 구성원들과 의사소통이 안 되면 늘 혼자라는 것을 명심하라.

일소일매 리더

'일소일소, 일노일로 笑一少, 一怒一老'라는 말이 있다. 한 번 웃으면 한 번 젊어지고 한 번 화를 내면 한번 늙는다는 말이다. 웃음의 가치가 얼마나 귀한 것인가를 알 수 있는 대목이다. 그런데 리더가 한 번 웃으면 조직에 어떤 효과가 있을까. 리더의 웃음은 평범한 직원의 웃음보다 그 가치나 영향이 클 수밖에 없다. 그래서 나는 이를 일소일매 一笑一賣라고 부른다. 한 번 웃으면 한 번 매출액이 올라간다는 뜻이다.

일소일매 리더는 언제나 직원들을 웃기며 직원들이 웃을 수 있는 기업 문화를 나들어나가는 데 힘을 모은다. 또한 신규직원을 채용할 때 아무리 학벌이 뛰어나고 능력이 남다르다 해도 메마른 감성을 갖고 있는 사람은 채용하지 않는다. 그들은 웃음이 넘치는 행복한 일터를 만드는 것이 리더의 역할이라고 믿는다. 서비스나 고객관리는 시스템에서 나오는 것이 아니라 마음에서 나와야 한다고 믿기 때문이다. 유머경영 컨설턴트들의 연구에 따르면 혼자 웃는 것보다는 함께 어울려 웃을 때 그 웃음의 효과가 크다고 한다. 이러한 웃음의 가치를 기업 문화에 접목시키는 리더야말로 일소일매 리더다. 이런 유형은 모든 업무 성과가 딱딱한 매뉴얼이나 전통 중심의 문화에서 나오는 것이 아니라 열린 공간, 공감하는 소통의 문화에서 나온다고 믿는다.

사장대소 리더

늘 얼굴에 웃음이 넘치는 리더가 있다. 마치 일터를 놀이터로 착각하게 만드는 리더야말로 사장대소社長大笑 유형이다. 그는 웃는 것이야말로 가장 좋은 시스템이며 기업 문화라는 것을 알고 있다. 그래서 비용도 들지 않고 특별한 아이디어가 필요하지 않지만 이직률을 줄이고 자연스럽게 충성심을 끌어낼 수 있는 비결은 웃음이라고 믿는다. 경영 컨설턴트이자 베스트셀러 작가인 짐 콜린스는 자신의 저서에서 성공한 기업들의 공통점은 마치 사교집단과 같은 기업 문화를 갖고 있다고 말한다. 이런 사교집단과 같은 문화의 뿌리는 바로 CEO의 철학에 있다. 그는 누구보다도 자신이 웃어야 직원이 웃고 나아가 고객이 웃는다는 것을 잘 알기 때문이다. 사장부터 신명나게 사장대소社長大笑하면 덩달아 직원들은 박장대소拍掌大笑하며 웃음 바이러스를 서로에게 나누어줄 것이다.

어떤 사장이 컨설팅을 받았다.

"우리 회사 직원들은 전혀 웃음이 없어요. 직원들을 웃게 하는 획기적인 비법이나 문화를 어떻게 만들어가죠? 비용은 얼마든지 지불하겠습니다."

컨설턴트는 잠시 사장의 얼굴을 살피더니 이렇게 말했다.

"비용을 한 푼도 들이지 않고 직원들을 웃게 하는 비법이 있습니다."

"그것이 무엇입니까. 빨리 알려주세요"

사장은 다그쳐 물었다. 그러자 컨설턴트는 이렇게 말했다.

"사장님부터 웃으면 됩니다."

웃음이 넘치는 조직을 만들려고 무척이나 애를 쓰는 리더들을 볼 수 있다. 그러나 방법은 간단하다. 유머에서 보듯이 사장 자신부터 웃으면 모든 문제는 해결된다. 이것이 웃음의 신비며 웃음의 가치다.

낙진감래 리더

낙진감래樂盡甘來 리더는 즐겁게 놀고, 신나게 일하면 좋은 일이 온다고 믿는 유형이다. 힘들고 어려워도 참고 견디면 좋은 일이 올 것이라는 농경사회의 전통을 거부하며 일단 재미있게 일하자는 유형이다. 그들은 재미가 경쟁력이며 창의성이라고 믿는 유형으로 놀이 감각이 탁월하다. 요즘 잘나가는 기업들은 일터인지 놀이터인지 구분하기 힘들다. 그만큼 일터에서 재미를 강조하고 재미를 통하여 아이디어와 창의성을 자극하자는 논리다. 고리타분하게 고진감래苦盡 甘來를 외치며 힘들어도 참고 견디자고 말하면 모두 도망가고 자신 혼자만 남게 된다. 미국의 〈포춘〉 지가 매년 선정하는 가장 일하기 좋은 100대 기업을 분석해 보면 재미가 공통점으로 나와 있다. 재미야말로 문화이며 성장 동력인 시대다.

아이슈타인이 죽기 3일 전에 가까운 지인들이 모여서 그에게 물었다.

"자네가 이렇게 놀라운 업적을 남기고 세상을 떠나는데, 혹시 후회하는 게 있다면 말해 보게."

아이슈타인은 아쉬운 듯 그러나 또박또박 이렇게 말했다.

"좀더 재미있게 살았으면 좋았을 텐데."

아이슈타인은 재미있게 살라고 유언했다. 재미가 곧 창조성이다. 감성시대의 리더야말로 고진감래를 외치지 말고 낙진감래를 경영철학으로 삼아야 한다.

당신은 이 여섯 가지 유형 중 어디에 속하는가. 논리와 경험, 리더십으로 무장된 리더인가? 아니면 여기에 감성과 놀이 감각, 유머와 재미를 겻들인 리더인가? 어떤 리더가 21세기 감성사회를 리드할 수 있는 바람직한 리더상인지 판단해 보라.

"최고의 유머를 이해할 수 없는 사람이라면 가장 심각한 일도 처리할 수 없다"고 윈스턴 처칠은 말했다. 이는 유머야말로 일을 처리하는 유일한 한 가지 뛰어난 방법이라는 것을 의미한다. 요즘처럼 신속한 의사결정과 소통이 중시되는 조직에서 유머야말로 리더의 첫 번째 덕목이 되어야 한다.

나는 기업체 CEO를 대상으로 특강할 때마다 아래의 문장을 자주 쓴다.

"회의懷疑에 빠지지 않는 회의會議를 하라."

아직도 대부분의 조직은 생산성이 없고 재미없는 회의로 시간을 낭비하고 유능한 직원들을 수동적인 존재로 전락시키고 있다. 회의는 조직의 운명을 좌우할 의사결경과 토론, 비전 나누기를 할 수 있는 유익하고 생산적인 모임이 되어야 한다. 나는 유머 회의를 도입할 것을 권한다. 회의를 재미있고 부드럽게 하는 비결은 회의를 주재하는 리더가 모두에게 재미있는 유머를 던지는 것이다. 참석자들이 함

께 웃는다는 것은 마음이 열려 있다는 것이며 서열을 뛰어넘는 커뮤
니케이션이 가능하다는 것을 의미하기 때문이다.

이제부터 말 잘하고 일 잘하는 리더가 아니라 재미를 나누고 부하
들의 마음을 열어주는 리더로 거듭나라.

유머는 곧 돈이다

웃음에는 공포와 염려를 막아주고
몸의 치유 능력을 활성화시키는 힘이 있다.

— 윌리엄 프라이

"교회 가는 길을 묻는 사람에게 가장 황당한 대답은?"
"절로 가세요."

외국계 생명보험사에 근무하는 이승철 씨는 보험업계에 뛰어든 지 5년 만에 같은 사무실에 근무하는 선배들을 제치고 1위의 실적을 올리고 있다. 알고 보니 그의 영업 철학은 유머였다.

그의 영업 비결 중 하나는, 고객을 만났을 때 절대로 보험 이야기를 꺼내지 않는 것이다. 그저 친구처럼 또는 친근한 후배나 선배처럼 만나고 대화하다 보면 저절로 고객들이 보험에 대해 궁금한 사항을

물어온다는 것이다. 물론 그러한 과정에는 당연히 유머가 핵심을 이루고 있다.

"세일즈 파트에 일하는 사람들의 맹점은 무조건 팔려고만 드는 데 있습니다. 하지만 장기적으로 *끈끈한 인간관계*를 맺어놓으면 저절로 판매는 이루어집니다. 결국 판매보다 중요한 것은 관계를 유지하는 것이고, 즐거운 만남이 이루어지기 위해서는 유머로 무장해야 합니다. (……) 저는 고객을 만날 때마다 그날의 날씨나 만나고자 하는 대상의 연령, 직업, 소득 수준, 교육 정도, 취미 등에 따라 어울릴 수 있는 유머를 미리 준비합니다. 유머는 서먹서먹한 관계를 무너뜨리고 옛 친구처럼 자연스럽게 어울리게 하는 마력을 지니고 있기 때문입니다."

그가 말하는 고객 관리란 '유머는 곧 돈이다'는 인식에서 시작된다. 고객이 없는 사람은 아무도 없다. 그리고 자신에게 월급을 주는 사람은 다름 아닌 고객이다. 월급을 받는 입장에서는 월급을 주는 사람에게 최선을 다할 의무가 있다. 이것이 유머 서비스 정신이요, 고객 중심의 사고다.

고객을 판매 대상으로 인식하던 시대는 지났다. 이제 고객은 만족시켜야 할 대상이다. 기업은 이제 무엇으로 고객을 만족시켜야 할 것인지, 고객의 삶의 질을 어떻게 향상시킬 수 있을지를 고민해야 한다.

그러기 위해서는 무엇보다도 고객 충성도Customer Loyalty를 확보해 나가야 한다. 고객 충성도란 한 번 고객을 평생 고객으로 만드는 것을 말한다. 따라서 평생 가치를 보여주는 적극적인 노력이 필요하다.

예전에는 기업 성장의 키워드가 시장 점유율 Market Share 이었으나 요즘은 고객 점유율 Customer Share 이다. 얼마나 많이 파는가보다는 얼마나 많은 고객을 확보하느냐가 더 중요하다. 돈을 벌려거든 고객을 만족시켜라. 고객을 만족시키려거든 유머로 무장하라.

흔히 유머는 TPO Timing, Place, Occasion 전략에 따르라고 한다. TPO 전략이란 다음과 같다.

첫째, 시간 Timing 의 적절성이다.

재미있고 유익한 유머라 해도 타이밍이 적절치 못하면 오히려 어색하고 난처한 상황에 몰릴 수 있다. 유머의 힘은 촌철살인이다.

어느 성당에서 신부가 열심히 기도를 하는데 갑자기 한 신자의 휴대폰이 울렸다. 미처 휴대폰 전원을 끄지 못하고 들어온 이 신자가 당황해하자 신부가 한마디 던졌다.

"형제님, 받아보세요. 하느님께서 벌써 저희의 기도를 들어주시나 보군요."

순간 성당은 웃음바다로 변했고, 신부의 타이밍 적절한 말 한마디에 신자는 난처함에서 벗어날 수 있었다.

둘째, 장소 Place 의 적절성이다.

"초상집에 가서 혼인 말한다"는 속담이 있다. 경우에 맞지 않는 말을 할 때 이런 표현을 쓰곤 하는데, 이와 같이 장소에 어울리지 않는 유머를 해서 역효과를 내는 경우를 가끔 볼 수 있다. 유머란 장소에 적절히 어울릴 때 힘을 발휘하게 된다.

문상을 갔다가 한 번은 이런 일이 있었다. 조문을 하고 상주와 인사를 나누려는데 갑자기 상주 중의 한 분이 웃음을 참지 못해 어쩔 줄을 모르는 것이었다. 엄숙해야 할 자리에 상주가 웃음이라니. 그러나 식사를 하면서 그 웃음의 진실을 알 수 있었다. 함께 문상 갔던 친구의 발가락 양말이 원인이었다. 평소 무좀으로 고생하던 이 친구의 발가락 양말이 처음 보는 사람에게는 꽤 우습게 보였을 것이다.

유머는 언어적인 것만을 의미하지 않는다. 장소에 맞는 옷차림도 상대방의 위상을 높여주는 예의다.

셋째, 상황Occasion에 적합해야 한다.

유머는 위기를 기회로 만들 수 있으며 어색함을 즐거운 분위기로 반전시킬 수 있다. 상황에 적합한 유머를 구사하는 능력이야말로 유머 리더십의 진수다.

"여보, 나 이제 다이어트 좀 해야겠어요. 오늘 동창회 나갔다가 창피해 죽는 줄 알았어요. 다들 날씬한데 나만 뱃가죽이 축 늘어져서……."

"괜찮아, 뭘 그 정도 가지고 그래."

"괜찮다니, 당신도 날씬한 여자만 보면 눈 돌아가면서."

"나한테는 당신 그 상태가 편해."

"뭐라구요?"

"늘어진 허릿살이 손잡이처럼 익숙해졌거든."

유머는 보이지 않는 힘이다. 활력을 불어넣어 주고 흩어진 마음을 다잡아주는 역할을 한다. 이것이 웃음의 마력이다. 이는 개인의 차원을 떠나 조직의 문제를 연구하고 유머경영의 효과를 분석해 온 자료들에서도 공통적으로 나타나고 있다.

유머는 직원들에게 주인 의식을 심어주며 창의성을 불러일으킬 뿐만 아니라 비용 절감과 생산성을 향상시키는 조직의 엔돌핀이다.

웃음은 리더의 운명을 바꾼다

웃음은 내 안의 잠든 에너지를 살려내고
주변을 조화롭게 변화시킨다.

— 노사카 레미코

"미꾸라지가 크면 무엇이 될까요?"

"미꾸엑스라지."

아홉 살짜리 소년이 성추행 혐의로 재판을 받고 있었다. 소년의 어머니는 판사에게 눈물로 호소했다.

"판사님, 이 아이는 죄가 없습니다."

"하지만 물증과 목격자가 있지 않습니까?"

그러자 어머니는 소년의 고추를 잡아 꺼내며 다시 호소했다.

"제발 좀 보십시오. 이러한 고추로 무슨 성추행을 한단 말입니까?"

이때 소년이 갑자기 엄마에게 속삭였다.

"엄마, 그만 만져. 자꾸 우리가 불리해지잖아!"

"웃음이 없는 사람은 가게 문을 열지 말라"는 중국 속담이 있다. 웃음은 비즈니스에서 꼭 갖추어야 할 조건이다. 제품의 질이 아무리 뛰어나도 그것을 판매하는 직원들의 표정과 태도가 딱딱하다면 그만큼 고객으로부터 멀어지기 때문이다.

이 속담에 근거하여 세 가지 관점에서 웃음의 필요성을 제시하고자 한다.

첫째, 최고 경영자인 윗사람부터 웃을 수 있어야 한다.

웃음은 전염성이 강하기 때문에 이보다 더 좋은 교육이나 훈련은 없다. 그러나 일하기 좋은 분위기, 열정적인 일꾼을 만들기 위해서는 사장부터 달라져야 한다. 그러기 위해서는 직원에 대해 호의적인 정서를 지닐 필요가 있다.

경쟁사와의 시장 주도권을 놓고 심각한 토론이 이루어지고 있는 회의장, 갑자기 한 직원의 휴대폰에서 노래방 분위기를 연상케 하는 벨소리가 울린다. 그 순간 분위기는 찬물을 끼얹은 듯했다. 휴대폰의 주인이 잔뜩 긴장하여 눈치만 보고 있는데, 갑자기 사장이 이렇게 말했다.

"이봐 김 과장, 어서 받아보게. 그분 생각도 나와 똑같을 게야."

그러자 여기저기서 웃음이 터져 나왔고, 분위기는 금세 화기애애한 쪽으로 바뀌었다. 재치 있는 사장의 유머 한마디가 모두를 구하고 즐거운 분위기 속에서 회의를 마칠 수 있게 한 것이다. 사장의 유머가 없었다면 분위기는 어떻게 됐을까.

두 번째, 웃음을 판매하는 직원 상을 가져야 한다.

스스로 즐거운 일터를 만들어가는 의지가 있어야 한다. 예를 들어 일을 시작하기 전 아침부터 웃을 수 있는 마음가짐과 유쾌한 사고방식이 필요하다. 직원들이 웃으면서 일을 시작하면 상호 간의 벽을 허물고 일 자체를 오락처럼 즐길 수 있는 분위기가 형성된다. 이것이 유머경영의 출발이다.

직장이란 일을 하는 곳이긴 하지만 오늘날 많은 사람에게는 함께 어울려 사는 곳, 가정보다 더 많은 시간을 소비하는 생활의 터전이라고 할 수 있다. 따라서 어렵고 힘들 때일수록 서로 이해하고 감싸며 웃음을 선사하는 전략이 필요하다. 직원의 웃음소리는 행복한 근무와 연관되어 있으며, 이는 품질, 생산성 향상과 직결된다.

세 번째, 조직 전체가 웃을 수 있어야 한다.

웃음은 팀워크를 이루게 하고 원활한 커뮤니케이션을 가능케 하며 다른 부서나 경쟁 업체에 단합된 모습을 보여줄 수 있다. 유머경영의 대표적인 선두 그룹이라 하면 사우스웨스트 항공사를 꼽을 수 있다. 이 항공사의 조직 시스템은 유머 실현에 있기에, 유머가 사라진다는 것은 정체성을 상실하는 것과도 같다. 그래서 말 한마디 한마디가 웃음을 생산하도록 설계되어 있다. 예를 들면 기내 흡연 금지에 관한 방송을 내보낼 때는 다음과 같이 한다.

"담배를 피우실 분은 날개 위에 마련된 흡연석에서 마음껏 피우시기 바랍니다. 애연가를 위해 오늘은 특별한 곡을 준비해 놓았습니다. 들으실 곡은 〈바람과 함께 사라지다〉 입니다."

미치도록 웃어보자. 그러면 미치지 못하는 일이 없다. 나는 식당이나 대리점 등을 방문할 때 가장 먼저 관심 있게 보는 것이 있다. 그것은 바로 그 업소 사장의 얼굴이다. 사장의 표정이 부드럽고 미소가 흘러넘치면 나머지 직원들은 볼 필요가 없다. 직원은 사장을 닮게 마련이기 때문이다.

미소는 전염된다. 내가 웃으면 나 혼자만의 웃음으로 끝나는 것이 아니라 직원을 함께 웃게 하고 직장의 분위기까지 바꾸어놓는다. 때로는 리더의 미소가 조직의 운명을 바꾸어놓기까지 한다. "웃는 얼굴에 침 못 뱉는다"는 말은 웃음의 강한 전파력 또는 동질화를 대변하는 말이기도 하다.

주어진 운명을 바꾸는 것도 능력이다. 하지만 능력을 키우는 데는 연습이 필요하다. 웃음이 운명을 바꾼 사례는 얼마든지 있다.

닉슨은 대통령 선거에서 떨어진 후 패배의 원인을 분석하였다. 그 과정에서 심각한 사실을 발견했다. 방송이나 신문, 잡지, 선거 포스터에 담긴 자신의 얼굴에서 미소를 찾아볼 수 없었던 것이다. 닉슨은 본인이 선거에서 패한 원인은 다름 아닌 딱딱하게 굳어 있는 표정 때문이라고 판단하고, 본격적으로 표정을 바꾸는 훈련에 들어갔다. 결국 4년 후 닉슨은 미국의 대통령이 되었다. 여기에는 여러 가지 성공 요인이 있겠으나, 표정을 부드럽게 바꾸었기 때문이라고 말하는 사람들이 많았다. 이처럼 표정이 바뀌면 운명도 바뀐다.

〈바람과 함께 사라지다〉의 스칼렛 오하라 역을 맡은 비비안 리는 원래 오디션에서 떨어졌다. 심사 위원이 불합격을 선언하자 그녀는 아쉬운 듯 서운한 표정으로 돌아섰는데, 그 순간 입가에 맴도는 자연스런 표정이 심사 위원들에게 강한 인상을 남겼다. 결국 그녀는 스칼렛 역에 캐스팅될 수 있었다.

첫인상은 두 번 줄 수 없다. 그러나 미소는 최고의 유니폼이라는 말이 있다. 웃음이 대인 관계에 얼마나 영향을 끼치는지를 잘 보여주는 사례라 할 수 있다.

긍정적인 사고가 유머 리더를 만든다

성공은 늘 긍정적으로 생각하는 사람들의 몫이며,
그것을 지켜내는 것 또한 긍정적인 사람들의 차지다.

— 나폴레온 힐

"아이가 태어나자마자 우는 이유는?"

"밥줄이 끊어져서."

유머 리더는 긍정적인 사고를 무기로 하는 사람이다. 그에게 부정적인 관념은 존재할 수 없다. 긍정적이라는 말은 자신의 존재를 있는 그대로 인정한다는 것이다. 자신이 근무하는 직장을 있는 그대로 받아들이는 일이다. 자신이 태어난 가정과 주변 환경, 그리고 현재 몸담고 있는 사회를 겸허하게 받아들이는 것이 긍정적인 리더의 첫 번째 조건이다.

토머스 와트슨은 IBM을 설립하여 세계적인 기업으로 이끈 사람이다. 어느 날 그의 밑에서 일하던 부사장이 막대한 예산이 들어가는 신규 아이템 프로젝트를 추진하겠다고 했다.

"비용이 많이 들고 상대적으로 위험부담은 크지만 엄청난 수익을 올릴 수 있는 기회입니다."

"좋아, 나는 부사장만 믿네."

토머스 와트슨은 부사장의 아이디어를 허락했다. 그러나 성공은커녕 1,000만 달러 이상의 손실을 입었다. 와트슨은 부사장을 불렀다. 부사장의 손에는 이미 사표가 들려 있었다.

"제 판단에 책임을 지겠습니다."

"부사장, 당신 지금 무슨 소리 하는 건가. 나는 당신을 교육시키는데 무려 천만 달러를 들였다네. 이번 일이 더 큰 행운을 불러올 거라 믿네."

와트슨의 격려와 긍정적인 사고방식에 힘입어 부사장은 다음 기회에 히트 상품을 개발하였다.

요즘 칭기즈칸 리더십을 배우는 사람들이 늘어나고 있다. 칭기즈칸이 지배하던 당시의 몽고족은 기껏해야 150만 명밖에 되지 않았다. 그런데 전 세계의 1억 5,000만이 넘는 사람을 150여 년간 지배해 왔다. 참으로 놀라운 일이 아닐 수 없다.

칭기즈칸 부대가 출정을 하는 날 아침이었다. 칭기즈칸이 야전 식당에서 식사를 하려는데 갑자기 밥상 다리가 부러졌다. 이 광경을 목격한 참모들은 하나같이 이렇게 말했다.

"장군님, 이것은 불길한 징조입니다. 오늘 전투는 취소하는 것이 마땅합니다."

그러자 칭기즈칸은 호탕하게 무릎을 치더니 벌떡 일어나 다음과 같이 소리쳤다.

"오늘 전쟁은 우리가 반드시 승리한다. 장군인 내 밥상 다리가 부러졌다는 것은 이제는 더 이상 밖에서 비 맞으며 밥을 먹지 않아도 된다는 것을 의미한다. 오늘로써 전쟁터에서 고생하며 밥 먹는 일은 끝이다."

그날 칭기즈칸 부대는 전투에서 대승을 거두었다고 한다.

유머 리더에게는 **PMA**Positive Mental Attitude 사고를 유지하는 것이 무엇보다도 중요하다. 이를 위해서는 긍정적인 자기 암시를 통해 즐겁고 신나는 인생을 창조해 나가는 노력이 필요하다.

이 사람은 22세 때 사업에 실패했다.

23세에는 주 의회 의원 선거에서 낙선했으며

24세에 또다시 사업에 실패했다.

25세에는 주 의회 의원에 당선되어 잠시 기쁨을 누렸으나

26세에는 사랑하는 여인을 잃고 낙심하여

27세에는 신경쇠약과 정신분열증으로 고생했다.

29세에는 하원 의원 선거에서 낙선했으며

31세에는 선거인단 선거에 출마했다가 낙선했고

34세에는 하원 의원 선거에서도 낙선했다.

37세에 다시 도전하여 하원 의원에 당선되었지만

39세에 하원 의원 선거에서 다시 낙선했다.

46세에 상원 의원 선거에 출마했으나 낙선했고

47세에 도전한 부통령 선거에서도 낙선의 아픔을 맛보아야 했다.

49세에는 상원 의원 선거에서 또다시 낙선했다.

그리고 드디어 51세에 미합중국의 대통령이 되었다.

그의 이름은 링컨이다.

링컨의 성공 비결은 무엇인가. 그것은 단 한 가지, 낙선을 실패로 생각하지 않았다는 것이다. "내가 웃지 않고 살았으면 이미 나는 죽었다. 여러분도 웃음이라는 보약을 복용해 보라"고 링컨은 충고한 바 있다.

긍정적인 마음, 웃음을 잃지 않는 자세야말로 개인을 비롯하여 그가 속한 가정, 기업, 사회, 나아가 인류의 변화를 가져온다. 리더의 조건은 긍정적인 마음을 잃지 않는 마음에 있다.

고정관념을 깨면 유머가 열린다

정신병자란 매일 똑같은 방식으로 일하면서
다른 결과가 나오기를 기대하는 사람이다.
결과가 달라지려면 과정을 바꾸어야 한다.
—아인슈타인

"정치인은 사람이 아니다, 그 이유는?"
"인간은 영장류인데 정치인은 주류와 비주류 뿐이니까."

당신은 지금 무엇에 혹은 누군가에 의해서 갇혀 있다. 그것은 몰입이 아니라 에너지의 낭비며 당신 고유의 천재성을 죽이는 일이다. 지금까지 이루어온 것이 오히려 자신을 가두는 것이었다면 어찌하겠는가. 지금의 일터가 오히려 당신의 미래를 가두고 날개를 펴지 못하게 하는 안전 가옥에 불과하다면 어찌하겠는가. 그 가옥에 안주하여 익숙한 일의 노예가 되고 말 것인가.

이제 안전지대를 깨고 나와라. 틀을 깨고 더 큰 날개를 펴라.

"칠십 평생을 살면 칠십 번 변해야 한다."

공자는 이렇게 가르치고 있다.

"세상을 바꾸고 싶다면 네 스스로 먼저 그렇게 하라."

간디는 이렇게 말했다.

대부분의 사람은 평생 자신이 가지고 있는 능력의 15퍼센트도 사용하지 못한다고 한다. 이는 편안함에 길들여졌기 때문이다. 지금까지 봐왔던 대로 세상을 보면서 살았기 때문이다.

우리는 무엇을 통해서 세상을 바라보는가. 패러다임이란 일반적으로 지식 체계, 믿음, 가치관, 신념, 습관, 사고 패턴, 미신 등 세상을 접하고 판단하는 기준을 제공하는 틀을 말한다. 문제는 이러한 여러 틀이 지나치게 자기 중심적이거나 편견과 오류로 포장돼 있을 수 있으며, 주변의 변화에 조화하지 못하고 자기만의 방식을 고집하게 될 수도 있다는 것이다.

○ 유머 리더십은 부드러움을 원칙으로 한다.

○ 유머 리더십은 유연함을 바탕으로 한다.

○ 유머 리더십은 자유로운 환경을 토대로 한다.

○ 유머 리더십은 틀을 깨는 데서 출발한다.

유머라는 단어는 원래 "물속에서처럼 유동적이다"는 뜻의 라틴어 'umere'라는 단어에서 비롯되었다. 어원을 토대로 할 때 고정관념에 사로잡혀서는 유연성을 가질 수 없으며, 유머적인 사고도 할 수 없을 것이다. 기존의 틀을 과감히 깨고 안전지대를 박차고 나올 수 있는 유연한 사고와 태도의 전환이 필요하다.

틀을 깬다는 것은 나를 열어 보이는 것이고 새로운 가능성에 도전하는 것이다. 그리고 상대가 내 안에 들어올 수 있도록 문을 열어두는 일이다.

즐겁고 신나는 일터를 만들기 위해서는 일을 즐거운 마음으로 받아들이는 여유가 필요하다. 생각의 틀을 깨지 않고서 지금보다 더 즐겁고 신나는 일터를 만들기란 불가능하다. 행동에 앞서 먼저 생각의 변화가 있어야 한다. 웃음이란 고정관념이라는 땅에서는 싹을 틔우지 않는 법이다.

언젠가 프로젝트 관계로 식사에 초대받은 적이 있다. 알고 보니 그 자리의 사람들은 대부분 기독교인이었다. 그 사실을 미처 몰랐던 나는 시장기를 달래느라고 식사가 시작되기 전에 땅콩 몇 개와 반찬을 좀 집어먹었다. 그런데 갑자기 좌장격인 한 분이 "이제 식사를 할까요" 하더니 식사 기도를 하는 것이었다. 순간 나는 당황하여 얼굴이 달아올랐다. 그래서 기도가 끝난 후에 "저는 주님 몰래 땅콩 두 알을 먹었다고 고백했습니다"는 말로 웃음을 유도함으로써 난처한 상황을 수습했다.

우리는 대부분 고정관념에 갇혀 습관적으로 생각하고 행동하는 경향이 있다. 이에 관하여 아리스토텔레스는 "우리는 습관의 결과물이며 따라서 우수함이란 행동이 아닌 습관에 불과하다"고 지적한 바 있다. 고정관념은 창의성을 빼앗아가고 사람을 경직되게 만든다. 결국은 우리에게서 웃음을 빼앗아간다.

어느 사무실에 불이 났다. 모두 당황해서 이리 뛰고 저리 뛰고 난리법석이었다. 그때 갑자기 한 직원이 소리쳤다.

"일일구로 전화해!"

당황한 직원이 소리쳤다

"일일구가 몇 번이죠?"

"빨리 일일사로 알아봐!"

사업에 지친 두 사업가가 머리도 식히고 새로운 사업도 구상할 겸해서 아프리카 밀림 지역으로 여행을 떠났다. 여행길에서 두 사람은 갑자기 굶주린 사자와 마주쳤다. 한 사람은 메고 있던 가방을 집어던지고 줄행랑을 치려 했다. 일단 도망치고 보자는 것이다. 그런데 다른 한 사람은 앉아서 운동화 끈을 매기 시작했다. 그러자 도망가려고 하던 사람이 말했다.

"여보게, 자네가 아무리 운동화 끈을 잘 매도 저 사자보다는 잘 뛸 수 없네. 우리가 여기서 사는 길은 빨리 도망가는 일이네. 어서 뛰세나."

운동화 끈을 매던 친구가 대답했다.

"나는 저 사자보다는 잘 뛸 수 없지만 자네보다는 잘 뛸 수 있다네."

대부분의 사람은 사자를 만나면 도망가는 것이 상책이라 생각하지만 그것만이 살아남는 길은 아니다. 이러한 부류의 사람은 고정관념의 틀에서 벗어나지 못하고 위기가 닥쳤을 때 본능적으로 행동하는 사람이다. 그러나 운동화 끈을 맨 사람은 현실을 있는 그대로 냉철하게 받아들인 사람이다. 사자가 잡아먹기 위해 쫓아온다면 둘 중의 누군가는 반드시 죽어야 한다. 이 상황에서 살아남기 위해서는 사자보다 잘 뛰는 것이 중요한 것이 아니라 옆의 사람만 떼어놓으면 살 수 있다고 생각한 것이다. 비정해 보이긴 하지만 고정관념의 틀을 깨는 발상에 대해선 인정할 만하다.

　이제 세상을 보는 눈이 바뀌어야 한다. 검은 안경을 쓰고 보면 세상은 온통 검게 보인다. 세상이 검은 것이 아니라 내가 검은 안경을 쓰고 있기 때문이다.

세상은 웃기는 사람 주변에 몰려든다

유머란 오직 인간만이 가질 수 있는 신성한 능력이다.
― 구스타프 찰 융

"우리나라 최대의 지하조직은?"
"서울지하철공사."

유머가 풍부한 사람 주변에 사람이 많은 이유는 무엇인가. 웃음을 지닌 사람이 믿음과 신뢰를 얻는 이유는 무엇인가. 왜 사람들은 유머형 리더를 따르는가.

직장인은 두 부류의 일꾼으로 나눠볼 수 있다. 같은 일을 하면서도 즐겁게 일하는 사람과 그렇지 못한 사람이다. 즐겁게 일하는 사람은 회사를 이끌어가는 사람이고, 그러지 못하는 사람은 어느 직장에서든 타성에 물들어 수동적으로 끌려다니는 사람이다.

S생명보험에 다니는 김 팀장은 유머야말로 위기를 기회로 바꿀 수 있는 카드라고 말한다. 갑자기 명퇴를 당한 김 팀장은 선배의 권유로 보험업계에 뛰어들었다.

평소에 말재주가 뛰어나고 사람 사귀기를 좋아하는 성격이었지만 먹고살기 위한 수단으로 하다 보니 어색할 뿐만 아니라 고객과의 거리를 좁힐 수 없었다고 한다. 이러한 김 팀장에게 획기적인 변화를 가져온 것은 바로 회사에서 실시한 연수 교육이었다. 이틀간의 교육 중에서 단 한 시간 정도 실시된 '웃음과 세일즈' 특강이 그의 인생을 바꾸어놓은 것이다.

"웃음은 상대방의 문을 열게 하죠. 굳이 보험 이야기를 꺼내지 않아도 왜 방문하는지는 고객이 이미 알고 있으니까 판매보다는 재미있는 세상살이 이야기를 하여 친분 관계를 쌓는 게 훗날의 거래에 큰 도움이 되죠."

김 팀장은 그날 교육 이후로 매일 유머 관련 기사를 수집하고, 그것을 영업에 어떻게 활용할까 고민했다.

유머 감각이 없는 사람이라면 밥 로스의 말을 귀담아들을 필요가 있다.

"좋은 유머 감각 없이 세상을 살아가는 것은 마차에 돌을 가득 싣고 울퉁불퉁한 길을 가는 것과 같다. 유머는 우리네 삶에서 충격 흡

수 역할을 해준다."

당신이 돌길을 가는 마차처럼 무뚝뚝한 사람이라면 당장 오늘부터 유머형 인간으로 거듭나라. 그러면 업무가 달라지고 대인 관계가 좋아지며 인생이 달라질 것이다.

세상은 웃는 사람을 존중한다. 웃는 사람 주변에 사람이 모인다. 유머는 목적을 쉽게 이루도록 도와주는 사다리 역할을 하며 세상을 내 편으로 만드는 강력한 자석의 힘을 갖고 있다.

유머 리더가 되기 위해서는 다음과 같은 세 단계를 거쳐야 한다.

첫째, 타인의 유머에 웃을 수 있어야 한다.

유머형 리더란 누군가를 웃기는 사람만을 의미하지 않는다. 타인의 유머에 관심을 갖고 또 진심으로 웃을 수 있는 단계가 바로 유머 리더가 되기 위한 첫 번째 단계다. 진정한 유머는 혼자만의 웃음이 아니라 함께하는 웃음이다. 타인의 유머를 진심으로 들어라. 유머는 유머를 낳는다. 그리고 내 것으로 응용하라. 타인의 유머에 웃음으로 반응할 수 없는 사람은 결코 훌륭한 유머 일꾼이 될 수 없다.

둘째, 타인을 웃길 수 있어야 한다.

유머형 인간이 되기 위해서는 재치 있고 재미있는 이야기를 늘어놓는 것 이상이어야 한다. 따뜻한 정서와 품위가 담긴 유머를 구사하는 정도가 되어야 한다. 이것은 인간 심리에 대한 연구도 해야 하지만 마음의 여유 그리고 일을 즐겁게 할 수 있는 긍정적인 마인드가 갖춰져야만 가능하다. 유머 리더란 단순히 웃음을 이끌어내는 것이 아니라 사람을 이끌어갈 수 있는 능력을 말한다.

 셋째, 자신을 웃길 수 있어야 한다.
 이것은 유머형 인간이 추구할 수 있는 최고의 경지로, 자아 존중과 더불어 이웃을 존중하고 아끼는 마음에서 나온다. 자신을 웃길 수 있는 사람은 진정으로 행복한 사람이며 유머의 대가라고 볼 수 있다.

유머 리더를 만드는 12가지 습관

무조건 웃어라.
웃음은 모든 것을 긍정적으로 바꾸어놓는다.

— 릭 낫한

재미있는 일을 상상하며 즐겨라

유머는 재미있는 상황 속에 자신을 몰아넣고 웃을 수 있는 여유를
갖는 데서 발생한다. 과거의 재미있었던 유머를 기억하고 웃어보는
것도 좋은 습관이다.

거울 보고 웃는 연습을 하라

유머는 웃음을 끌어내는 일이다. 그러기 위해서는 나부터 먼저 웃
을 수 있어야 하고, 또 연습도 필요하다. 매일 거울 앞에서 연습을 하
다 보면 나도 모르는 사이에 저절로 웃는 얼굴을 갖게 된다.

어린이의 눈으로 세상을 보라

유머는 순수한 마음에서 나온다. 어린이에게서 웃음과 유머를 배워라. 웃음에 관한 한 그들은 어른의 스승이다.

유머 노트를 만들어라

재미있는 이야기를 수집하고 이를 나만의 유머로 만들어나간다. 그리고 남에게 들은 유머를 적어두고 자주 읽어보면서 더 세련되게 수정해 본다.

하루에 한 번 이상 유머 사이트에 접속하라

타고난 유머 리더는 없다. 훌륭한 유머 전문가는 학습을 통해 만들어진다. 유머가 경쟁력인 만큼 꾸준한 학습은 필수다.

타인의 유머에 적극적으로 반응하라

유머가 풍부한 사람과 어울리다 보면 나도 모르는 사이에 유머 감각이 생겨난다. 적극적인 관심을 가지고 벤치마킹하는 것이 유머 리더로 대성하는 길이다.

모임이나 회의에 참석할 때는 반드시 유머를 준비하라

유머러스한 사람은 모임이나 회의를 리드할 수 있다. 유머는 대중 앞에서 자신의 존재 가치를 2배로 높일 수 있는 비결이다.

항상 10가지 이상의 유머를 외워라

언제 어느 상황에서도 유용하게 쓸 수 있는 유머 10가지는 필수다. 가능하면 최근의 유머를 알아두는 게 좋긴 하지만, 가장 좋은 방법은 스스로 만들어 사용하는 것이다. 최근 유행하고 있는 유머는 자칫 역효과를 낳을 수 있음을 명심하라.

마음속에서 스트레스를 몰아내라

스트레스는 웃음의 적이다. 반대로 유머는 스트레스를 죽이는 킬러다. 유머 리더에겐 스트레스가 없다는 공통점이 있다.

억지로라도 웃어라

억지웃음도 인체에 미치는 효과는 동일하다는 사실이 입증되어 있다. 당신의 비즈니스에 지금 당장 재미를 추가하라. 그리고 재미를 거래하라.

유머를 지닌 사람에겐 적이 없다는 것을 명심하라

21세기 리더의 조건은 유머다. 유머는 리더십을 발휘하게 도와주는 핵심 역량이며 자신의 실수나 단점을 극복하게 만들어준다. 또한 유머 감각은 당신의 개성을 돋보이게 한다.

독서를 게을리 하지 마라

유머는 순간적인 기지와 순발력이 생명이다. 평소에 책을 많이 읽는 습관이 유머 리더를 만들어준다. 가능한 한 재미있는 글이나 유머 퀴즈 등을 자주 접하라.

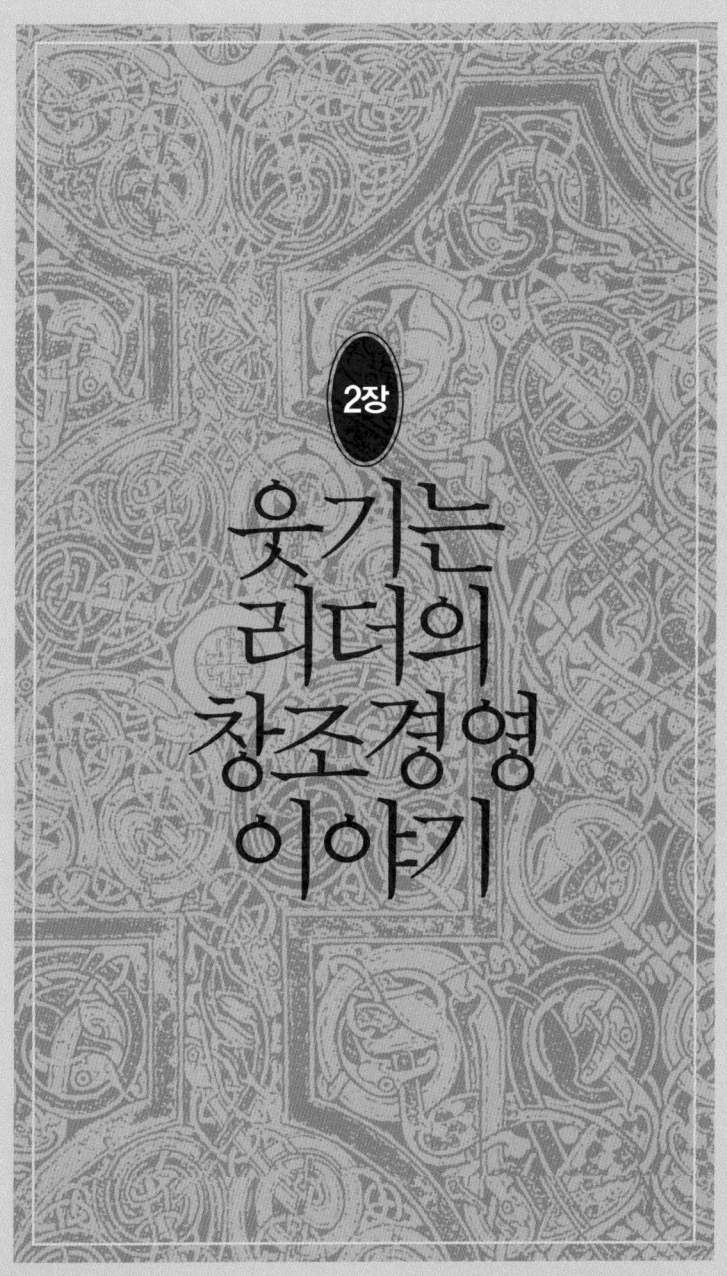

2장

웃기는
리더의
창조경영
이야기

변화의 추구는 하나의 모험이다.

변화는 우리의 재주와 능력을 시험한다.

그것은 리더십을 기르는 훈련이다.

변화를 가져오는 도전은 힘겹다.

그러나 동시에 즐겁고 신나는 일이다.

자신과 다른 사람에게 최선을 끌어내는 리더라면

자신의 일에서 근본적인 동기를 찾을 수 있어야 한다.

이제 변화의 속도는 빨라졌고

기회는 몇 나노 초의 단위로 나타났다 사라진다.

따라서 모범적인 리더는 혁신 지향적이어야 한다.

그는 새로운 기회를 능동적으로 찾고 만들어나가야 한다.

집단이 나쁜 길로 가지 않도록 주의를 기울여야 한다.

새로운 일을 환영해야 한다.

리더는 변화의 중심에 서는 사람으로 변화의 꽁무니를 쫓지 말아야 한다.

리더는 언제나 뭐 새로운 것 없나,

다음엔 뭐지, 뭐가 더 나을까 하고 말하는 사람이다.

그러한 자세에 미래가 있는 것이다.

이창재 남부지방산림청장,
유머경영으로 벽을 허물다

내가 웃지 않고 살았으면 이미 나는 죽었다.
여러분도 웃음이라는 보약을 복용하라.
— 에이브러햄 링컨

공무원 하면 대체적으로 딱딱하고, 무겁고, 보수적이라는 것이 일반 국민들의 인식이다. 요즘 들어 국민 중심으로 민원행정 서비스의 질이 개선되고는 있으나, 이것은 어디까지나 민원인과 공무원과의 관계 개선일 뿐, 공직 내부는 여전히 딱딱한 조직 문화가 지배적이다. 일반 기업에 비하여 9급부터 사무관, 서기관, 과장, 국장 등의 계급구조가 공무원 사회를 경직되게 만드는 요인인지도 모른다. 공무원이 되기 위해서는 수백 대 일의 경쟁률을 뚫어야만 한다. 천재들을 모아놓고 여전히 고리타분한 조직 문화를 자랑한다면 이들에게서 생산성 향상을 기대하기는 어려울 것이다.

그런 면에서 이창재 남부지방산림청장은 구태의연한 조직 문화를 헐고 조직 문화에 혁신을 일으키는 장본인이다. 그는 노자의 가르침인 '유능제강柔能制剛'을 조직 문화에 접목하면 그 생산성이나 구성원들의 행복지수가 치솟는다고 말한다. 즉, 부드러움이 강한 것을 이긴다는 것이다. 일류기업이 세계적인 브랜드로 성장한 배경은 시스템이 아니라 부드러운 조직 문화에 있다. 이는 공직사회도 예외일 수 없다는 것이 그의 철학이다.

"결국 많이 웃는 날이 가장 좋은 성과를 낸 날 아닙니까. 다 웃자고 하는 일인데 심각하기만 하다면 일의 노예가 되는 거죠. 웃는 사람이 열정이 넘치고 충성심도 강한 법입니다. 웃음이야말로 업무지식을 뛰어넘는 에너지며 비전입니다."

그의 이와 같은 웃음철학에서 CEO는 업무를 지휘하는 사람이 아니라 구성원들이 웃을 수 있는 리더십을 발휘하는 것이라는 것을 새삼 느낄 수 있다.

이 청장은 20여 년을 산림청 본청에서 근무하면서 산지관리과장, 혁신인사과장, 산림정책과장 등 가장 일 많고, 복잡한 부서에 근무를 했다. 국회와 타 부처를 상대로 일을 하다 보니 긴장의 끈을 놓을 수가 없었고 야근을 밥 먹듯이 해야 했다. 직원들의 경우도 마찬가지였다. 다들 일에 파묻혀 피곤에 지친 생활의 연속이다 보니 마음의 여유를 갖지 못하고 자기 일하기 바빠서 다른 사람이 무슨 일을 하는지 도통 관심이 없었다. 심지어는 바로 옆에 앉아있는 직원이 무슨 일을 하는지도 몰라 비슷한 일을 두 사람이 하고 있는 경우도 있었다. 한마디로 소통의 부재였다. 그래서 이 문제를 어떻게 풀까 고민하다가 생각한 것이 직원과의 대화였다. "소통疏通이 안 되면 고통苦痛이 온다"는 그의 조직관리 철학은 이렇게 싹트기 시작했다.

"헐벗고 황폐한 산림에는 아무것도 살 수 없잖아요. 우리 부서가 그랬습니다. 직원들이 마음의 여유가 없다 보니 사막처럼 생각도 마음도 황폐화되어 갔습니다. 그래서 황폐한 산림 복구하듯이 나무 한 그루 심는 것이 필요하다고 생각해서 직원과의 대화를 시작했는데 의외의 효과가 나오더라고요. 직원과 자유롭게 소통이 되면 웃음이 나옵니다. 지금은 직원에게서 웃음을 이끌어내는 힘이야말로 리더십이라고 믿습니다."

하하호호 게시판의 힘

그는 매주 회의 때 직원별로 돌아가면서 직접 회의를 주재하게 했다. 일방적으로 자신이 말하고 직원들은 듣고 가는 일방통행이 아니라 참여를 유도하고 수평적인 문화를 만들기 위한 그만의 독특한 조직관리 철학이다. 또한 무겁고 판에 박힌 업무만이 아니라 업무 외에 일상사에 대해서도 대화하는 시간을 갖도록 했더니 서로 업무 협조가 잘되고 웃음이 등장하기 시작했다는 것이다. 재미있게 회의를 리드하고 웃으면서 소통하다 보니 저절로 회의문화가 바뀌고 일터에 긴장과 스트레스가 사라지게 되었다. 어느덧 유머가 조직 내 분위기를 바꾸기 시작한 것이다.

"분위기가 확 바뀌는 것을 느낄 수 있었습니다. 이제 막 결혼한 직원은 전세를 못 구해 고민이라는 얘기로 회의를 시작하기도 했고요. 여직원은 먹으면서 얘기해야 분위기가 좋아진다면서 빵을 돌리기도 했습니다. 그러다 보니 자연스레 우스갯소리가 나오게 되었죠. 어떤 직원은 유머 책을 읽고 재미있는 몇 가지 사례를 미리 외워 와 얘기하는 경우도 있었습니다. 그래서 저도 유머 책에 관심을 가지고 몇 권 사게 되었죠."

이런 회의 진행 방식은 중앙부처에서 상상할 수 없는 일이다. 이때 이 청장은 웃음의 문화가 공무원 사회를 변화시킬 수 있다는 것을 깨달았다.

"직원들과 체육행사를 하거나 산행을 가게 되면 꼭 재미있는 일이 일어납니다. 그러면 한 달 정도는 그 이야기를 주제로 직원들이 모두 즐거워하죠. 일하는 중간에 그날 일을 얘기하면서 웃기도 하고요. 그러면서 웃음이 웃음으로 새끼를 칩니다. 결국 재미있었던 일이 직장 일조차 즐겁게 만드는 거지요."

이때의 경험으로 그는 남부지방산림청장으로 부임하자마자 '하하 호호 유머 게시판'을 만들었다. 남부지방산림청 직원들이 오다가다 보고 들은 재미있는 이야기나 사진들을 올려서 서로 공유할 수 있도록 하고 익명으로 칭찬하는 곳을 만들어 서로 칭찬하도록 한 것이다. 하고 싶은 말을 풀어놓는 곳도 만들었다. 직장생활 하면서 힘들거나 짜증나는 일이 있으면 글로 풀게 한 것이다. 그는 유머경영을 하면서 철저한 자율의 원칙을 견지한다는 나름의 소신을 갖고 일을 추진하고 있다.

"공무원 조직은 기관장이 시키면 마지못해서라도 합니다. 그래서 진정한 조직의 문화로 자리매김하는 데는 한계가 있죠. 제가 예전에 모임이나 회식하는 장소에서 유머 한마디씩 하라고 한 적이 있는데 오히려 부담으로 느꼈다는 얘기를 들은 적이 있습니다. 그래서 '하하호호 유머 게시판'을 만들 때는 직원들에게 강요하지 않도록 하였습니다. 대신 흥미로운 이야기거리를 올리도록 했습니다. 그러면 자연스럽게 직원들이 참여할 것이라고 생각했죠."

그의 예측대로 '하하호호 유머 게시판'은 활발하게 돌아가기 시작했다. 개설 초기 일부 직원들이 업무 중에 인터넷 볼 시간이 어디 있냐면서 부정적인 시각을 보내기도 했지만 서로서로 재미있는 글과 그림을 올리면서 자신의 사진이 올라가 있다는 입소문이 퍼지자 자연스레 카페에 들어가 보게 되었고 거의 전 직원이 자발적으로 유머 카페에 회원으로 가입하였다. 이에 자신감을 얻은 그는 조직 내 유머를 확산시키기 위하여 삔삔Fun Fun 타임과 유머클럽 운영을 직원들에게 제안하였다. 하루 일과 중 가장 일의 생산성이 떨어질 시간인 오후 3시 30분부터 4시까지 '삔삔 타임'으로 지정했다. 이 30분만큼은 통상적인 일과에서 잠시 벗어나 하하호호 유머 게시판, 유머 관련 사이트에도 들어가 보고 혼자 미소도 지어보는 등 유머, 웃음 관련한 행동을 하는 시간을 갖자는 혁신적인 아이디어를 낸 것이다.

"모든 것에는 강약이 필요합니다. 요즈음 직장인들은 월화수목금금금이잖아요. 그러다 보니 몰입과 이완이 교대로 일어나지 않습니다. 일할 때 전력투구하고 쉴 때 확실하게 쉬고 '삔삔'하게 놀아야 정말 일을 잘 할 수 있습니다."

경영은 밥, 유머는 반찬

이렇게 시작한 유머경영이 일의 생산성 향상으로 연계된 것은 앞서 말한 유머클럽 운영이 한 몫을 하고 있다는 것이다. 당초 유머클럽을 만들 때는 좀더 많은 직원들과 함께 유머를 공유하고 확산하자는 의도로 웃음 관리자를 양성하는 것이 목적이었다. 그런데 직원들이 유머 게시판에 올릴 재미있는 동영상을 촬영하면서 시나리오를 작성하고 전략회의를 하다가 스스로 공부하는 조직으로 변모해 갔다. 마침내 산림정책 홍보 활성화 연구팀이 구성되었고 언론매체에 산림정책을 가장 효과적으로 홍보할 수 있는 방안을 고민하다가 기자들의 접근이 어려운 사업현장을 직접 촬영해서 방송사에 제공하자는 의견이 나왔다. 그 결과 직접 촬영한 영상을 들고 방송사에 가게 되었다고 한다. 그러나 결과는 퇴짜였다.

"방송사 기자분이 영상 촬영한 것을 보고 물었죠. 이거 누가 촬영을 한 것이냐구요? 방송에 나가려면 화면 구도나 움직임 등이 시청자가 편안하게 볼 수 있도록 찍어야 하는데, 그런 것을 전혀 고려하지 않아서 영상을 쓸 수 없다고 했답니다."

지금은 영상촬영 기법과 사진촬영 기법을 연구하고 실습하여 현장에서 일어난 각종 사업 등을 직접 촬영하여 방송사에 제공하고 있다. 물론 재미있게 만들어야 한다는 것이 첫째 원칙이다. 일이든 놀이든 재미가 없으면 성과가 날 수 없다.

웃음으로 조직을 변화시키고 있는 이창재 청장은 조직 구성원들을 보는 시각도 남다르다.

"우리 직원들에게 감사한 마음을 늘 갖고 있습니다. 문서 시행할 때 기관장 이름으로 나가잖아요. 일은 저희 직장 가족들이 하고 저는 생색만 내는 거 아닙니까? 그래서 저는 직원들을 제가 잘 모셔야 한다고 생각합니다."

직원을 섬기는 것이 자신을 세우는 것이라는 섬김의 리더십을 엿보게 한다. 그는 산림 공직자들은 복 받은 사람들이라고 직원들에게 늘 말한다.

"남들은 돈 들이고 귀중한 시간 쪼개서 산에 가는데, 저희는 돈 받고 산에서 좋은 공기 마시면서 일합니다."

이창재 청장은 사무실에서 일할 때에도 산과 나무를 생각하면 행복해진다. 똑같은 일을 해도 긍정적인 시각으로 바라보면 재미있고 행복해질 수 있다. 그는 요즈음 기업에서 유머경영 기법이 널리 퍼지고 있는데 공직사회에서도 생산성을 향상하려면 재미있는 일터가 되어야 한다고 주장한다. 한마디로 일터가 놀이터가 되어야 한다는 것이다. 그래야 생산성이 향상되고 직원들이 행복해지기 때문이다. 결국 일만 하면 일의 노예가 되지만 행복하게 일하면 일 자체가 즐겁고 직장이 재미있다. 함께 일하는 직원들이 업무관계로 맺어진 사이가 아니라 인간적으로 만난 선후배로 발전할 수 있어야 한다는 것이 그의 철학이다.

"이러한 점에서 산림 분야에서 일하는 사람들은 유리한 조건을 이미 갖추고 있다는 생각이 듭니다. 나무, 숲, 자연을 대상으로 일하는 사람들이 대개 감성지수가 높기 때문이죠. 거짓말을 안 하는 식물과 상대하다 보니 그것들을 닮아가는 겁니다."

아마 이창재 청장이 유머경영에 성공하고 있는 것도 이런 문화가 감춰져 있기에 가능한지도 모르겠다. 이제 그는 유머 전도사가 되어 가고 있다. 친구들을 만나거나, 같은 관리자를 만나면 꼭 유머경영 얘기를 한다.

"식인종들이 공무원을 정부미라고 부른다잖아요. 친구들도 저를 정부미라고 부르는데 제가 공무원 사회에서 유머경영 한번 해 보겠다 했더니 정부미가 일반미처럼 기업경영 따라가다가 가랑이 찢어진다면서 우려의 소리를 많이 했었습니다. 그렇지만 저는 정부미나 일반미나 똑같은 사람이고 사람이 하는 일이라면 유머가 인간의 본성을 긍정적으로 자극할 것이라 확신합니다."

유머에서 가장 중요한 것이 무엇이냐고 묻자 그는 간단하면서 핵심적인 말을 했다.

"모든 것을 긍정적으로 보려는 마음자세를 가져야 합니다."

유머경영이 공직사회에 왜 필요한가에 대하여 그동안의 공직경험을 바탕으로 그는 '밥과 반찬' 논리를 꺼내든다.

"본연의 업무, 저희의 경우 산림을 가꾸고 경영하는 것은 밥입니다. 유머는 반찬이구요. 밥만 먹으면 맛이 있나요? 그렇다고 반찬만 먹으면 너무 짜고 몸에도 안 좋아요. 일을 하면서 유머가 들어가면 더욱 잘할 수 있는 거겠지요. 그리고 보니 일을 하는 데 유머는 필수네요."

유머경영을 통하여 *그*가 함께하는 조직의 생산성이 더욱 높아질 것으로 기대해 본다.

"유머로 조직의 보이지 않는 딱딱한 벽을 허물어라. 그렇지 않으면 그 벽에 깔려 죽는다!"

이창재 청장을 보면 유머는 그저 웃고 즐기기 위한 말잔치가 아니라 조직의 문화를 창조하고 인간관계를 돈독히 하여 신뢰지수를 높이고 생산성을 향상시키는 에너지라는 것을 분명 알 수 있다.

정준양 포스코 회장의
창의적인 재미경영학

한쪽 날개만으로 날 수 있는 새는 없다.
감정과 사고가 어우러질 때 타고난 리더십을 발휘할 수 있다.

— 다니엘 골먼

포스코 하면 제일 먼저 떠오르는 것은 펄펄 끓는 쇳물이다. 그도 아니라면 딱딱한 철강이나 쇳조각을 떠올릴 것이다. 또한 변하지 않을 것 같은 권위적인 조직 문화나 전통, 혹은 서열을 중시하는 엄격한 업무환경을 기억할 것이다. 그런데 포스코가 변하고 있다. 그냥 변하는 것이 아니라 살가죽을 벗겨내듯이 혁신하고 있다. 이른바 정준양 회장의 '재미경영학'이다.

누가 보더라도 철강과 재미는 공통점이 없어 보인다. 그런데 포스코는 지금 철강에 재미를 섞어 세계적인 기업으로 거듭나고 있다. 게다가 세계적인 철강그룹이 재미경영을 한다니 말 그대로 재미있는 이야기쯤으로 여기는 사람들도 많다. 그런데 이런 포스코가 단지 재미를 내세우는 구호가 아닌 제도적으로나 프로세스 차원에서 대대적인 변화를 시도하고 있다. 국내 대기업들은 물론이고 일본을 비롯한 외국의 무수한 기업들이 포스코의 무엇을 벤치마킹하고 있는가. 이른바 포레카가 그것을 말해 준다. "포레카^{Poreka}는 포스코^{Posco}와 아르키메데스가 외쳤던 유레카^{Eureka}를 합친 말로 재미를 통한 창조와 포스코의 미래를 열어가자는 정준양 회장의 재미경영 철학이 담겨져 있다"고 한다.

나는 포스코의 재미와 창조경영을 체험하면서 두 번 놀랐다. 유머경영을 연구하고 이를 전파하는 한 사람으로서 매일 외국의 사례만 접하다가 뉴스를 통해서 포스코의 이런 모습을 듣고 깜짝 놀랐다. 또 한 번은 직접 포스코를 방문하여 둘러보고 놀라지 않을 수 없었다. 솔직히 처음에는 회의감이 들기도 했다. 금싸라기 땅 대치동 한 복판에 400여 평의 건물을 통째로 직장 놀이방을 만들어 운영한다는 것이 납득이 가질 않았기 때문이다. 과연 이런 발상이 경쟁력이 있는 것인가. 단지 그동안 몇몇 기업의 CEO들이 말했던 이벤트 수준의 편 경영으로 끝나지는 않을까 하는 우려도 있었다. 그러나 직장 놀이방을 직접 둘러보고 체험해 보고 직원들과 인터뷰를 하면서 나의 이런 우려는 순식간에 사라졌다. 2시간 여 동안 자료를 읽고 직원들과 이런저런 얘기를 나누면서 이것이 바로 창조와 재미경영의 본질이라는 것을 알 수 있었다.

창의성이 샘 솟는 마법의 방

포레카는 명상과 연구를 돕기 위한 창의마당과 다양한 게임과 휴식을 위한 공간인 재미마당, 그리고 화합과 소통공간인 토론마당으로 꾸며져 있다.

그 외에도 다양한 공간을 마련해 놓았는데 그중 브레인 샤워실은 업무를 보다가 지치면 내려가서 충분히 휴식을 취하고 에너지를 충전할 수 있다. 마침 열 대여섯 명의 직원들이 수건을 말아 양머리를 하고 자유 복장으로 갈아입고 재미를 즐기고 있었다. 상하구분 없이 토의하고 웃고 재미를 나누는 모습에 탄성이 절로 나왔다. 이것이 바로 창의성이고 상상력을 자극하는 놀이이며 '재미경영학'이다. 마치 가족들이 찜질방에 모여 앉아 땀을 빼고 계란을 먹으며 두런두런 이야기꽃을 피우는 행복한 모습을 그려볼 수 있는 장면이 브레인 샤워실에서 일어나고 있었다.

브레인 샤워실 옆에는 북카페가 있는데 국내외 경제경영 서적부터 자기계발, 예술 등에 걸쳐 1천여 권의 책을 비치해 놓았다. 음악을 들으며 책을 읽을 수도 있고 필요한 자료를 찾아볼 수도 있다. 그 옆에는 실제 정원을 연상시킬 만한 나무와 숲이 조성되어 있어 산책하며 즐길 수 있는 코스까지 마련해 놓았다. 실내에 이런 시설을 마련해 놓은 것 자체가 상상경영이 아닐 수 없다.

또한 예감창이라 칭한 방에는 인문과 예술을 체험하고 교유할 수 있는 공간을 마련해 놓았다. 이 밖에도 사랑방과 다락방도 있다. 이곳에서는 바닥에 눕거나 쉬면서 이야기를 나누고 토론할 수 있는 공간이다.

잘 놀아야 일도 잘한다

이 같은 창의놀이 공간이 마련된 것은 정준양 회장의 평소 경영철학에 뿌리를 두고 있다. 그는 "잘 놀아야 일도 잘할 수 있다"는 철학을 직원들에게 전파하고 있다. 놀이와 재미 그리고 창조를 동의어로 보는 것이다. 감성지능, 즉 EQ Emotional Quotient 의 창시자인 다니엘 골먼은 이렇게 주장한다. "한쪽 날개만으로 날 수 있는 새는 없다. 감정과 사고가 어우러질 때 비로소 타고난 리더십을 발휘할 수 있다. 감정과 사고, 이 둘은 리더가 하늘 높이 비상하기 위해 갖추어야 할 날개와 같은 것이다."

권위적인 한국 기업의 대명사처럼 불리던 포스코의 혁신은 많은 기업들에게 신선한 충격을 주고 있으며 벤치마킹 대상이 되고 있다. 일과 놀이가 분명히 구분되어 있는 한국의 기업 문화와 일터는 진지해야 한다는 고정관념을 깨고 있는 포스코의 혁신은 창조경영 시대를 열어가는 키워드라고 볼 수 있다. 《좋은 기업을 넘어 위대한 기업으로 Good to Great》의 저자인 짐 콜린스는 "잘 나가는 기업은 일터인지 놀이터인지 구분하기 힘들다"고 말한다. 구글의 20퍼센트 법칙이나 3M의 15퍼센트 규정이 이를 잘 말해 준다. 이들 기업은 근무시간에 업무와 관계없는 시간을 20퍼센트나 15퍼센트를 개인적인 일을 해야 한다는 규정을 갖고 있다. 잡담을 하거나 놀거나 게임을 하거나 낮잠을 자거나 혹은 맥주를 마시든 본인이 알아서 할 일이다. 주목해야 할 것은 이들 기업을 먹여 살리고 세계적인 신제품을 만들어내는 아이디어가 대개 이런 15퍼센트나 20퍼센트 법칙에서 나온다는 데 있다.

배가 험한 파도를 이기며 멀리 가기 위해서는 돛^{Sail}만 달아서는 갈 수 없다. 반드시 더 멀리 안전하게 갈 수 있는 닻^{Anchor}이 필요하다. 닻은 쉬기 위한 것이 아니라 전진하기 위한 숨 고르기다. 더 안전하게, 더 멀리 가기 위해서는 반드시 닻을 내리고 휴식과 여유, 충전이 필요하다. 이것이 포스코에서 운영하는 포레카이다.

정준양 회장의 감성 리더십이 딱딱한 철강기업의 이미지를 바꾸는 것을 넘어 전통을 중시하고 서열 중심의 커뮤니케이션이 중시되는 한국의 많은 기업 문화에 충격과 변화의 바람을 불러일으키고 있다.

이곳 담당자는 "이곳 포레카는 직원뿐만 아니라 주말에는 가족들과 함께 즐길 수 있는 배움과 놀이공간"이라고 말한다. 또 최근에는 대치동 포스코 빌딩에 '포스코 어린이 집'을 열어 어린 자녀를 기르는 직원들에게 편의를 제공하고 있다. 집과 직장은 하나여야 한다는 경영철학이 반영된 것이다.

놀이는 낭비가 아니라 창조활동이다

놀이는 낭비가 아니라 창조활동이다. 놀이에 대한 몰입은 더 큰 열정과 아이디어를 생산해 낸다. 30년 넘게 철강맨으로 살아온 정준양 회장의 이런 변신은 글로벌 경쟁환경과 신세대 젊은 직원들의 트렌드를 잘 파악한 리더십이라는 찬사를 받고 있다. 재미 없이는 살 수 없는 세대들에게 포레카와 같은 직장 놀이방은 어쩌면 당연한 것인지도 모르기 때문이다. 그가 스스로 페이스 페인팅을 하고 젊은 직원들과 나무 블록으로 탑을 쌓는 젠가^Zenga 게임을 즐기는 것은 전통, 권위중심의 리더십을 자랑하는 많은 CEO와 리더들에게 시사하는 바가 크다.

나는 예감창을 둘러보다가 정준양 회장의 편 경영철학을 읽을 수 있었다. 그곳에는 그가 직접 썼다는 공자의 문구가 걸려 있다. "지지자 불여호지자, 호지자 불여낙지자^知之者 不如好之者 好之者 不如樂之者." 즉, 아는 자는 좋아하는 자 만 못하고 좋아하는 자는 즐기는 자 만 못하다는 것이다. 그러니 아는 것을 넘어 좋아하고, 좋아하는 것을 넘어 즐기는 자가 되라는 것이다.

포레카는 단지 서울 본사 건물만이 아니라 전국의 사업장에 속속 열고 있어 일과 휴식, 철강과 재미가 결합된 창조경영의 불씨가 되고 있다.

《생각의 탄생》의 저자인 로버트 루트번스타인 교수는 일생 동안 창조경영을 컨설팅하면서 인류 역사를 바꾼 리더들을 분석한 결과 창조능력은 '예술과 놀이 감정이입'에 있다고 주장한다. 지금 몇몇 리더들에 의해서 일터가 그렇게 변하고 있다. 게다가 리더는 감독하고 통제하는 사람이 아니라 흥을 불어넣고 놀 수 있는 기회를 만들어주며 스스로 창조할 수 있는 분위기를 열어가는 사람으로 바뀌고 있다.

정준양 포스코 회장의 재미경영이 창조경영의 뿌리가 되고 있다. 또한 감성사회를 이끌어가는 리더십의 새 지평을 열어가고 있다.

김정태 하나은행장의
하하하 유머경영

조직을 변화시키고 국가를 개혁하며
더 나아가 세계를 변화시키는 일은
자신을 바꾸는 일에서 시작한다.
—앤서니 로빈스

인간은 유희적인 동물이라고 한다. 즐거움을 느끼지 못하면 살아 있는 맛을 느끼지 못한다는 말로 해석할 수 있다. 그러니 놀이와 재미를 찾아 즐거움을 맛보고자 하는 열정이 대단한 동물이라고 볼 수 있다. 그러나 요즘의 사회는 먹고 살기에 급급해 이런 본능적인 욕구를 얼마나 충족시키는지 의문스럽다. 특히 일터에서 재미를 추구하며 일하는 것을 오히려 이상하게 받아들일 만큼 경직되어 있다. 아직도 일터는 진지해야 하고 원칙만 따르면 된다는 사고가 지배적이다. 그러나 잘 나가는 기업들을 보면 오히려 괴짜를 채용하고 기존의 문화를 파괴하는 혁신적인 변화를 꾀하고 있다. 굳이 펀Fun 경영이라는 거창한 구호가 아니더라도 일터에 재미를 도입하고 경직된 조직 문화를 바꾸며 웃으면서 일할 수 있는 느슨하면서 여유 있는 일터 만들기가 많은 기업들 사이에 미션처럼 번지고 있다.

김정태 하나은행장은 스스로를 'JT교'의 교주라 칭한다. 물론 직원 들도 모두 JT교를 따를 것을 원하고 있다. JT는 자신의 이름 '정태' 이니셜을 딴 것이면서 동시에 재미있게 일하자는 취지의 경영철학 을 담고 있는 'Joy Together'를 뜻한다.

CEO가 변하지 않으면 대부분의 기업 문화는 구호에 그친다는 것 을 그는 알고 있다. 그가 먼저 웃으면서 직원에게 다가서며 현장으로 달려가 고충을 듣고 좀더 직접 대면하며 직원과 하나 되기 운동을 펼치고 있는 것도 이 같은 이유이다.

하나은행은 '펀 데이'를 정해서 운영한다. 이때 김정태 행장은 나비넥타이에 파티용 모자를 쓰고 나와 일일이 직원들과 악수하 며 웃음을 나눈다. "행장님이 'Joy' 하면 직원은 행장님 손을 잡고 'Together'를 외칩니다. 함께 웃음을 나누다 보니 기분도 좋고 신뢰 감이 더해지는 것 같습니다. JT는 우리 은행이 갖고 있는 고유한 펀 문화로 자리잡아가고 있습니다." 한 실무진의 말을 통해서 CEO의 변화가 조직 구성원들의 정서에 어떤 영향을 미치고 있는지를 엿볼 수 있다.

요즘 사회가 온통 소통의 문제로 골머리를 앓고 있다. 소통 없이는 고통만 따르기 때문이다. 소통이야말로 구성원들을 하나로 묶고 원 활한 일터를 만들어가는 과정이다. 그래서 하나은행은 'JT 블로그'를 사내의 중요한 커뮤니케이션 수단으로 활용하고 있다. 이 블로그는 개설한 지 한 달 만에 조회수가 1만 명을 돌파할 정도로 뜨거운 관심을 받았다.

김정태 행장은 소통과 재미를 모토로 '하하하 경영'을 조직에 전파하고 있다. 분위기가 침체될수록 웃음 바이러스를 전파하여 어려움을 극복하자는 취지에서다. 김 행장은 이를 위해 JT 블로그에 '하하하' 방을 개설해 운영하고 있다. 재미있는 유머나 이야기를 공유하다 보면 신뢰감도 향상되고 팀워크가 좋아질 것이라 믿기 때문이다.

특히 직원들에게 "직장생활의 포로가 되지 말고 프로가 되라"고 늘 강조한다. 직원의 기가 살아나야 경쟁력도 있고 고객을 행복하게 할 수 있다는 의미다. 그가 추진하고 있는 '하하하 경영 기법'은 다음과 같다

조이 투게더 운동

'Joy Together'는 말 그대로 즐거움을 함께 나누자는 것이다. 여기에 권위나 서열은 장애가 된다. 기존의 관습을 털어버리고 소통의 문화를 만들어나가는 것이 'Joy Together' 운동의 핵심이다. 과거의 행장실은 권위의 상징이며 감히 일반직원들이 쉽게 드나들 수 있는 곳은 아니었다. 자신의 근무실을 조이 투게더 룸으로 바꾼 것 자체가 벽 없는 조직을 만들겠다는 선포나 다름없다. CEO가 할 수 있는 일은 많지만 직원을 행복하게 하는 것이야말로 기업의 리더에게 주어진 과업이 아닐 수 없다. 서열을 뛰어넘어 함께 웃고 유머를 나누며

재미있는 일터를 만들어나가는 것, 그것이 '조이 투게더 룸'에서 이루어지고 있다.

하나은행 본점 지하공간은 일종의 놀이터이다. 진지함을 찾아볼 수 없다. 긴장감도 없다. 직원들이 쉴 수 있는 문화공간으로 탈바꿈했다. 이곳에 들르면 마치 레스토랑에 와 있는 착각이 들 정도다. 게임기가 설치되어 누구나 스트레스를 풀 수 있으며, 대형 스크린이 설치되어 있어서 스포츠 중계나 영화를 볼 수도 있다. 맥주 제공은 물론 점심에는 커피까지 제공한다. 말 그대로 직원 중심의 가정친화 경영이 이곳에서 실현되고 있는 것이다. 심리학자들은 놀이의 반대말은 일이 아니라고 한다. 그것은 우울증이라는 것이다. 그러니 일터를 놀이터처럼 재미있게 꾸미는 것이야말로 창조경영으로 가는 길이다. 놀이와 재미가 창의성을 이끌어내고 경쟁력 있는 조직을 만든다는 사실을 잊지 말자.

직원의 스트레스를 날려버리는 이벤트

조이 투게더 룸에서는 수요일마다 조이 투게더 문화 강좌가 열린다. 일과 문화를 섞으면 스트레스도 사라지고 동료애도 커진다는 것이 이곳을 이용하는 직원들의 한결 같은 주장이다. 특히 사진 찍는 법과 클래식 강좌는 단골메뉴다. 그 외에도 주말에 해외여행 다녀오기 등 일터에서 누적될 수 있는 스트레스를 덜어내는 다양한 문화강좌가 열린다. 이곳을 직접 가보면 일만 알던 과거의 '은행맨'들이 아니라는 것을 저절로 느낄 수 있는 것이다.

본점에서는 본부별, 부서별로 조이 투게더 행사를 진행한다. 여기서는 직원이 왕이다. 임원은 서빙하고 직원들이 대접을 받는 행사이기 때문이다. 직원을 섬기는 배려의 리더십이 싹트는 곳이다. 평소에 현장을 챙겨야 조직이 살고 고객이 행복해질 수 있다는 김정태 행장의 경영철학이 고스란히 담겨 있다. 직원이 행복해야 경쟁력 있는 조직으로 거듭날 수 있음을 실감하게 만드는 이벤트가 아닐 수 없다.

하나은행 본점의 경우 매월 둘째 주 수요일에 사업본부별로 돌아가면서 출근하는 직원들에게 이벤트를 해준다. 이날 이벤트에서는 직원들에게 사탕 주기, 박수 쳐주기, 노래 불러주기 등을 통하여 기를 심어준다. 출근하는 직원들은 들뜬 기분으로 서로를 존중하며 행복한 일터 만들기에 동참하는 이색 이벤트다. 서로가 서로에게 행복한 기를 심어주고 활기찬 기업 이미지를 창조해 나가는 것이야말로 하나은행만이 갖는 독특한 펀 기업 문화다.

노사화합을 이끄는 조이 투게더 정신

하나은행의 노사는 하나로 뭉쳐져 있다. 김정태 행장의 철학이 빛을 내는 것이다. 노사와의 소통이야말로 그가 열정적으로 추진하는 주된 업무이기도 하다. 취임 20일 만에 '노사화합을 위한 공동 선언문'을 이끌어내 업계를 깜짝 놀라게 한 것도 평소 그의 노사와의 하나 됨을 강조하는 리더십에서 나온 것이다. 그는 하나은행의 성장을 위해서라면 언제나 마중물 역할을 할 것이라고 말한다. 리더가 희생해야만 조직이 살 수 있다는 지론이다. 'Joy Together' 정신은 노사화합에도 힘을 발휘함을 알 수 있다. 노사화합을 위한 조이 투게더 행사 차원에서 전 임직원과 가족들이 놀이공원을 하루 동안 빌려 화합과 소통의 이벤트를 펼쳤다. 이날 행사에서 임원진 등이 깜짝 쇼를 하는 등 하나은행의 하하하 경영이 조직에 뿌리내리고 있음을 알리는 계기가 되었다.

부드러운 조직, 웃음이 있는 조직 시스템

화요일 점심 구내 강당에서 댄스 강연을 한다. 딱딱한 업무환경을 바꾸고 생기 넘치는 일터를 만들어보자는 목적으로 시작된 일이다. 일하다 말고 직장에서 댄스경연대회를 여는 것을 상상하는 것만으로도 웃음이 나고 재미를 느낄 수 있다. 이러한 것들 하나하나가 하나은행이 부드러운 조직으로 거듭날 수 있는 경쟁력 있는 시스템이다. 잘 나가는 기업은 일과 놀이를 섞어서 한다. 마치 일터인지 놀이터인지 구분하기 힘들게 만드는 것이다. 댄스경연대회야말로 하나은행만이 갖는 경쟁력이며 차별화된 하하하 경영이다.

"사내 인사법을 하이파이브로 바꾸었더니 친근감이 생기고 상대를 더 배려하게 되었습니다. 인사법을 바꾸었을 뿐인데 분위기가 확 달라지는 것 같아요."

하이파이브는 칭찬과 용기 그리고 상대방에게 에너지를 심어주는 인사법이다. 게다가 서로 손을 마주치며 인사하다 보면 동료 간에 친근감이 생기고 서열을 뛰어넘는 커뮤니케이션을 가능케 한다. 또한 매월 첫 번째 월요일에 본점에서는 직원 상호간 서로 인사하기 이벤트를 마련하여 서로 이름을 익히고 식사하는 독특한 기업 문화를 갖고 있다.

하나은행의 사례에서 볼 수 있는 것처럼 좋은 직장의 개념이 변하고 있다. 과거에는 연봉이나 복지, 승진 제도에 따라 직장 만족 여부가 결정되었다면 요즘 세대에게 좋은 직장은 재미에 있다. 과거에는 문제 직원 뒤에는 문제 상사가 있다고 말했다. 그러나 요즘은 행복한 직원 뒤에는 행복한 상사가 있다고 말한다. 재미와 웃음, 놀이가 창의성을 자극하고 행복한 일터를 만들어간다. 김정태 행장의 'Joy Together'를 바탕으로 한 하하하 경영철학이야말로 창조경영 시대의 기업 문화가 무엇인지를 여실히 말해 준다. 또한 감성시대의 CEO의 역할과 사명이 무엇인지를 깨닫게 해준다. 이제는 재미가 시스템이고 웃음이 경쟁력이다.

송오현 원장의 유머 방정식,
유머가 비타민이다

리더란 자신을 위해서 일하는 사람이 아니라
구성원의 성공을 위해서 일하는 사람이다.

— 잭 웰치

학원가의 삼성이라 알려진 학원이 있다. "최선Choisun을 다하는 것
이 최고의 전략"이라는 사명을 내걸고 시작한 이 학원은 다름 아닌
'DYB최선 어학원'이다. "늘 최선을 다하라DYB, Do Your Best!" 말 그대
로 이곳에서는 최선을 다하는 전략과 열정, 마인드만이 통한다.

　DYB최선 어학을 보면 최선을 다하는 것이 모든 길로 통하는 길
임을 알 수 있다. 그런데 이들을 정말 미치게 만드는 요인이 하나 더
있다. 바로 학원 대표인 송오현 원장이다. 그의 말은 70퍼센트가 유
머라 할 만큼 늘 유머를 달고 다닌다. 송오현 원장에게는 구성원들을
즐겁게 해주고 그들의 마음까지 열어 최선을 다하게끔 만드는 재주

가 있다. 그의 유머와 재미있는 말 습관에는 구성원들을 움직이고 혼을 쏟게 만드는 마력과 같은 힘이 있다.

송오현 원장은 회의할 때나 면접을 볼 때, 심지어 화를 낼 때도 유머로 말한다. 정말 화를 낼 때도 유머로 말하느냐는 질문에 "글쎄요. 아직 화를 낸 본적이 없어서요"라고 답한다. 그는 늘 긍정적인 마음을 나누는 일에 최선을 다한다.

DYB최선 어학원만의 재미와 유머를 나누는 경영방식은 4F에서 찾아볼 수 있다. Fun재미, Feeling느낌, Fantasy즐거움, Female여성이 그것이다. 이것이 송 원장의 철학이며 경영 모토다. 그렇다면 '최선'이 담고 있는 의미는 무엇일까? CHOISUN최선은 원활한 소통Communication, 유머 감각Humor, 개방적인 마인드Open mind, 혁신적인 사고Innovation, 서비스 정신Service, 당신이 주인U, 인재 양성Nurturing을 뜻한다. 이 중에서도 가장 중요한 DYB의 덕목은 유머 감각을 갖추는 일이라고 한다.

"성장기 아이들을 가르치는 일을 하는 데 머리를 여는 일보다 더 중요한 게 있죠. 마음을 열어주고 좌뇌와 우뇌를 골고루 사용할 수 있는 지혜를 심어주는 게 중요해요. 지금까지 우리 교육은 가정이나 학교, 사회에서 머리를 열어주고 교육은 평가만 했잖아요."

학원 경영자나 구성원들이 긍정적이고 유머 감각을 가져야 올바른 인성교육을 할 수 있다는 것이 송 원장의 지론이다. 단지 유머를 즐기고 웃는 것에 그치지 않고 실제로 경영현장에서 유머를 활용한 시스템을 구축하여 경쟁력을 높여나가고 있다. 송오현 원장만의 유머 소통 방법을 좀더 살펴보자.

유머경영 선포

송오현 원장은 교육업계 최초로 2007년을 유머경영의 원년으로 선포하였다. 이는 교육계만이 아니라 국내 기업에서는 보기 드문 사례이다. 유머경영을 통하여 구성원들이 재미있게 웃으며 일할 수 있는 기업 문화를 만들어가자는 취지에서 시작하였다. DYB의 유머경영은 전 구성원이 유머 리더십을 통해 부드러운 조직 문화를 만들고 유연한 사고와 대외적인 이미지를 업그레이드하는 데 기여하고 있다. 정기적으로 유머 강사를 초청하여 강연회를 열고 매주 월요편지를 통해 유머 메시지 전달하여 일과 재미가 공존하는 일터를 추구해나가고 있다. 또한 학원기업의 특성에 맞춰 모든 품질은 최종 커뮤니케이션에 따라 결정된다고 보고 유머 화법을 구사하게끔 훈련한다. 이는 고객에게 재미와 즐거움을 주는 수업을 함으로써 다른 학원과 차별화하는 데 기여한다.

DYB의 유머경영 선포는 교육계는 물론 다른 분야의 기업에서도 벤치마킹의 대상이 되고 있다. 송 원장은 유머경영을 사회적으로 공유하여 이를 전파하는 데도 큰 몫을 하고 있다.

Choisun-GWP 개발

송오현 원장의 닉네임은 행복 요리사다. "사람이 시스템이죠. 사람이 즐겁지 못하면 어떤 성과도 기대할 수 없습니다. 그래서 나는 직원을 즐겁게 하는 행복요리사로 거듭나려 합니다."

일이 목적이 아니라 행복해야 한다고 외친다. 그래서 그는 행복한 일터를 만드는 것을 사명으로 삼고 있다. 일과 가정Great Work Place, 자기계발, 재미를 동시에 느낄 수 있는 훌륭한 일터를 만들어 모든 구성원이 웃을 수 있는 일터를 만드는 것이 그의 목표다. 특히 그가 강조하는 것은 가정친화경영이다. 이러한 정신에 입각하여 가정과 직장이 하나가 되어 균형 잡힌 일터를 만들어 나가야 미래를 열 수 있다고 믿는다. 게다가 정기적으로 구성원들의 가정에 편지를 보내 학원 사정을 알리고 귀한 자녀와 함께 일할 수 있어 행복하다는 메시지를 전하기도 한다. 또한 구성원들의 끼와 재치를 발휘할 수 있는 댄스그룹을 육성하고 행복을 창조해 나가는 조직으로 일과 행복을 조화시키는 것도 그의 업무 중 하나다. 벽 없는 조직 문화를 만들어 누구나 부담 없이 대화할 수 있는 일터, 이것이 그가 꿈꾸는 DYB최선 어학원이다.

이것이 학생 2명에서 출발하여 2만여 명에 이르는 기업으로 혁명을 일으킨 '송오현식 최선경영'이다. 그는 구성원들이 웃으면서 춤출 수 있는 일터야말로 일류기업으로 가는 징검다리라고 늘 외친다. 그에게 재미, 웃음, 유머, 감성은 무슨 일을 하든 빼놓을 수 없는 핵심 역량인 동시에 성장동력이다.

월요일마다 보내는 유머 편지

송오현 원장은 매주 월요일 아침 전 직원에게 CEO 메일을 발송한다. 월요편지를 통해 비전을 공유하며 커뮤니케이션을 원활히 하고 오픈 경영으로 구성원의 참여를 유도해 나간다. 월요편지는 학원의 현안문제를 전하고 정보 공유와 친밀감 조성을 통한 조직 문화 발전과 공감지수를 높이는 경영도구로 활용되고 있다. 물론 월요편지의 단골메뉴는 유머다. 유머로 시작해서 유머로 맺는 월요편지는 모든 구성원들이 월요일 아침 웃으면서 기다리는 반가운 손님이다. 월요편지를 통하여 500여 명의 구성원들은 학원의 크고 작은 소식을 접하고 학원 살림에 대한 이모저모를 들을 수 있어 행복한 매체라 부른다. 편지 하단에는 매번 유머퀴즈를 싣는데, 이는 사람들의 뇌를 깨우고 역발상을 도와주는 정신운동Mental Fitness 역할을 한다.

송 원장은 SBS 방송국까지 운영한다. 이른바 Song's Blog System이다. 매주 1회 방송하는 이 블로그는 CEO가 당부하는 주지사항에서부터 학원의 동정과 교육 현안뿐만 아니라 크고 작은 이야기를 나누는 매체로 이용하고 있다. 또한 현장에서 보고 느낀 점이나 에피소드를 구성원 누구나 담아 이 블로그에 띄울 수 있게 하고 있다. 영어 전문학원인만큼 이 블로그를 통하여 직접 교수법이나 영어를 강의하는 교육의 장으로도 활용한다. 물론 여기에서도 유머는 빠지지 않는다. 그가 하는 일이나 가는 곳에는 언제나 유머가 동행한다.

Vitamin-E DAY 운영

송 원장은 분기별로 1회씩 전 직원이 모여 팀워크를 다지고 DYB 문화를 공유하는 축제와 만남의 장으로 'Vitamin-E DAY'를 운영하고 있다. Vitamin-E는 에너지Energy, 열정Enthusiasm, 영어English, 즐거움Entertainment, 공감Empathy을 뜻하며 비타민을 먹고 기력을 회복하듯이 열정과 에너지를 나누어 상호의존적인 기업 문화를 만들고 공유하자는 목적에서 시작되었다. 현재 DYB최선 어학원의 대표적인 기업 문화 코드로 정착되고 있다. Vitamin-E DAY에는 외부에서 전문가를 초청해 특강도 듣고 학원에서 일어나고 있는 크고 작은 이야기를 함께 나눈다. 이날 하루만큼은 더 웃으면서 보내고 정보도 서로 공유하며 유익한 시간을 보낸다.

조직의 공통언어 개발하여 공유하기

송오현 원장은 자기 조직만이 갖는 언어를 개발하여 이를 공유하도록 한다. 2008년부터는 '창공사'를 만들어 전 직원이 '창조, 공감, 사랑'이라는 슬로건 하에 팀워크와 비전을 공유해 나가자고 외쳐왔다. 인간은 언어를 만들고 언어는 인간을 만들며 조직의 성패도 그 구성원들이 사용하는 언어에 달려 있다는 CEO의 경영철학을 구성원들과 공유하는 것이다. 2009년에는 '초심과 학습'을 외치게 했으며 금년에는 '비상'이라는 공동언어를 개발해 공유하고 있다. 또한 송 원장은 구성원들과 만날 때마다 '통통통' 튀자고 제안한다. 의사소통이 되어야 만사형통이 되고 이것이 나중에는 운수대통으로 이어진다는 것이다. 무엇보다도 소통의 중요성을 강조하기 위해 그는 '통통통'을 외치고 다닌다. 전 구성원들이 일렬로 한 방향의 목표를 향해 진군하게 만드는 일종의 DYB최선 어학원만이 갖는 시스템인 셈이다. 이들은 회의나 교육, 간담회 등 모이기만 하면 자기들만의 언어를 구호 외치듯이 소리치며 일을 한다. 그러다 보니 마치 사교집단과 같다는 소리도 종종 듣는다고 한다. 하지만 이처럼 구호를 외치고 열정적으로 일하는 방식은 재미있는 일터를 만들고 웃음을 나누는 DYB최선 어학원만의 성공 방정식이다.

놀이공화국 구글,
노는 것이 먼저다

우리가 하는 모든 일에는 유머가 있다.
우리는 그것을 찾아내기만 하면 된다.
— 릭 대런

혹시 당신은 놀면 불안한가. 노는 만큼 뒤처지는 것 같고 소외당
하는 것 같은가. 노는 것은 소비이며 에너지 낭비라고 믿는가. 게다
가 놀이는 한가한 사람들의 전유물이라 믿는가. 그렇다면 당신은 구
글러Googler가 아니다. 구글은 놀면서 일한다. 그들에게는 놀이가 먼
저고 일은 그것을 통해서 얻어지는 부수적인 것이다. 이것이 구글의
놀이경영이다. "놀지 못하는 사람은 일할 능력도 없다." 이것이 구글
창업자인 래리 페이지Larry Page와 세르게이 브린Sergey Brin의 철학이다.
그래서 구글 사무실은 마치 구글 놀이동산처럼 보인다. 하지만 이곳
이 21세기를 리드해 나가는 구글의 업무현장이다. 구글을 연구하면

서 이런 결론을 얻을 수 있었다. "천재는 일하는지 노는지 알 수 없다. 하지만 그 성과는 놀랍다."

지금 이 글을 읽는 당신에게 묻고 싶다. "당신은 구글당하고 있는가?" 물론 당신은 아니라고 거부할지도 모른다. 그러나 이미 삶의 많은 영역에서 당신은 구글당하고 있다. 구글이 창조한 세상에 이미 살고 있고 그렇게 살아가고 있는 것이다. 이것이 구글 효과^{Google Effect}다. 이는 구글이 개개인의 삶에서부터 인터넷과 IT산업에 영향을 미치고 있음을 나타내는 말이다.

구글은 1988년 스탠퍼드대학의 두 공학도인 래리 페이지와 세르게이 브린이 여자친구 창고 지하실에서 창업한 회사다. 창고 지하실에서 시작한 구글은 지난해 광고 수입만으로 65억 달러의 이익을 냈다. 이는 삼성전자의 83억 달러나 애플의 82억 달러에 버금가는 금액이다. 처음에 검색엔진으로 시작해 21세기 가장 영향력 있는 기업으로 혁명적인 변화를 일으키는 구글의 놀라운 저력과 창의성은 어디에서 나오는가. 그것은 한 마디로 재미다. 재미를 느끼지 못하는 사람은 창의성도 없고 구글에 남아 있을 자격이 없다는 것이다. 그래서 구글은 일터인지 놀이터인지 구분하기 힘들다고 한다. 겉으로 보기엔 질서가 없고 회사에 온 것인지 놀이터에 나온 것인지 알 수 없을 정도지만 이들은 놀이를 통하여 일을 하고 놀이를 통하여 창조한다. 이것이 구글이 갖는 핵심역량이다.

"먼저 놀아라 그리고 일하라." 이것이 구글 방정식이다.

구글은 캠퍼스다

그들은 컴퍼니Company라는 말을 쓰지 않는다. 컴퍼니가 아닌 캠퍼스Campus라 부른다. 이 자체만으로 구글의 일하는 방식을 그대로 드러내 보여준다. 컴퍼니는 일터를 말하지만 캠퍼스는 자유로운 분위기, 연구와 놀이, 얽매임이 없는 환경을 말한다. 그래서 구글은 어떤 캠퍼스에도 뒤지지 않는 시설과 조형, 디자인으로 설계되어 있다. 그 안에는 구성원 중심으로 쉬고 놀며, 연구하고 일하라는 메시지가 깔려 있다. 캘리포니아 마운티 뷰에 위치한 구글플렉스GoogleFlex는 이런 의미를 반영한 구글본사다. 이는 창의성을 자극하고 자유롭게 일하기 위해서는 어떤 시스템을 개발하는 것보다 더 중요한 것이 근무 환경을 자유롭게, 자연스럽게, 자율적인 분위기로 만들어가는 것이 우선이라는 것을 알 수 있다. 삼성이 구글을 벤치마킹하여 수원사업장을 삼성 캠퍼스로 바꾸며 대대적인 혁신을 하며 따라가고 있는 것은 주목할 만한 일이다.

직원이 첫째다

구글에서는 고객 먼저라는 기존 기업들의 외침을 들을 수 없다. 그들은 '직원=황제'라고 부른다. 직원을 황제처럼 떠받들어야 기업의 미래가 보장되고 행복한 일터를 통한 창조성이 유지된다고 믿기 때문이다. 직원 복지에서부터 편의시설에 이르기까지 말 그대로 구글은 천국이다. 하루의 피로를 풀어주는 마사지 서비스, 목욕, 세탁 자동차 오일 서비스에서부터 전문의가 상주하며 직원들 건강을 챙기는 일은 그들에게는 더 이상 놀라운 일이 아니다.

출산 정책도 놀랍다. 출산 후 집에서 편하게 쉬면서 먹고 싶은 음식을 시켜 먹고 영수증을 제출하면 500달러까지 지원해 준다. 사무실에 피아노, 비디오 게임기, 당구대까지 설치되어 있다면 이것이 일터인지 놀이터인지 구분조차 할 수 없게 된다. 하지만 구글러들은 이런 혜택을 누리는 것이 이제는 일상이 되어버렸다. 재미와 놀이를 체험하고 걱정 없이 창조에 몰입할 수 있는 환경이야말로 놀이경영학의 신화, 구글의 비밀을 말해 준다.

20퍼센트 프로젝트

구글은 '20퍼센트 프로젝트제'가 있다. 하루 일과 중 20퍼센트는 업무를 손에 놓고 하고 싶은 개인적인 일을 하라는 것이다. 놀든 게임을 하든 친구를 불러 구내식당에서 맥주를 마시든지는 본인이 알아서 할 일이다. 심지어 낮잠을 자는 일도 허용된다. 업무 외적인 놀이나 하고 싶은 일을 함으로써 더 창의적인 업무를 추구할 수 있는 구글만의 놀이경영 방식이다. 좋아하는 일에 몰입하다 보면 더 좋은 성과를 낼 수 있는 것이 '20퍼센트 프로젝트 제도'의 핵심이다. 대부분의 창의적인 아이디어나 성과는 이런 20퍼센트 시간을 적적히 활용하는 가운데서 얻어진다고 입을 모은다. 스트레스도 풀면서 근무시간에 개인적인 일을 보는 회사, 이것은 구글러에게는 일상적인 일과다.

애완견 데리고 출근하기

출근할 때 애완견을 데리고 갈 수 있다면 얼마나 행복할까. 아마 집에서 애완견을 키우는 사람들이라면 한 번쯤 상상했음직한 일이다. 그런데 구글에서는 실제로 애완견을 데리고 회사에 출근할 수 있다. 이쯤 되면 개도 주인을 잘 만나야 한다는 것을 알 수 있다. 애완견을 돌보면서 일할 수 있는 천국이 바로 구글이다. 근무시간에는 애완견을 전문적으로 보살펴주는 사람까지 있다. 최근에 불고 있는 가정친화경영 차원에서 국내 기업들도 직원 중심의 편의시설이나 놀이문화, 웃음경영을 도입하고 있다. 그러나 아직 애완견을 데리고 출근할 수 있게 허용하는 회사는 없는 듯하다.

아마 누군가가 회사에 이런 제안을 했다고 하자.

"애완견을 데리고 출근하게 해 주세요."

그럼 어떤 대답이 나올까. 아마 아직까지는 이런 답변을 들어야만 할 것이다.

"개소리 그만 하시오."

하지만 구글은 본인이 원하면 언제든지 애완동물을 데리고 출근할 수 있으며 회사에서 제공하는 맛있는 음식까지 먹일 수 있다고 하니 웬만한 직장의 직원보다 나은 대접을 받고 있는 셈이다.

창의성을 위해서라면 미쳐도 좋다

당신의 회사에서 이런 명령을 받았다면 당신은 어떻게 할 것인가.

"내일은 파자마 입고 미팅하는 날이니 파자마를 준비하세요."

102

엄격해야 할 회사에서 파자마를 입고 미팅하는 것이 가능한 곳, 이곳이 구글이다. 물론 평상시에도 반바지나 샌들을 신고 회의에 참석하는 것도 무방하다. 간섭하지 않는 것이 구글의 또 다른 기업 문화이기 때문이다. 지난 해 삼성이 캐주얼 복장으로 출근한다 하여 뉴스에 크게 보도된 적이 있지만 파자마 입고 미팅하는 날까지 가려면 얼마나 걸려야 할지 의문이다. 그만큼 구글은 자유롭고 격식에 얽매이지 않으며 자율적인 기업 문화를 장려한다. 일은 재미있게 해야 한다는 것이 구글의 경영 방침이기 때문이다.

한마디로 구글은 놀이 공화국이다. 일터인지 놀이터인지 일하는 건지 장난하는 건지 구분하기 어렵다. 그러나 천재들이 모인 곳이다. 똑같이 천재를 뽑아 획일적인 기업 문화를 강요하는 우리 기업풍토와는 사뭇 다르다.

이런 자유롭고 재미있는 일터에서 일하는 구글 직원들은 모두 행복할까. 그들은 재미있게 놀면서 일하지만 살아남아야 한다는 부담을 안고 있다. 보이지 않는 경쟁과 동료 평가제가 그들을 기다리고 있다. 하지만 재미와 놀이를 접목한 구글방식이 새로운 기업 문화로 많은 기업들의 벤치마킹 대상이 되고 있으며 하루에도 수천 건씩의 입사응모가 이루어지는 행복한 일터임에는 틀림없다.

"창의성을 위해서라면 미쳐도 좋다." 이것이 구글이 우리에게 주는 메시지다. 무엇보다도 구글은 근로자의 심리를 제대로 꿰뚫어 보는 경영 안목을 갖고 있다. 인간은 일하는 동물이기 이전에 '놀이 동물'이라는 것이다. 놀이가 보장될 때 창의성이 나온다는 심리경영이 아닐 수 없다. 인간이 사회생활을 하면서 기본적으로 누려야 할 요소는 의식주衣食住만이 아니기 때문이다. 여기에 놀이와 즐거움인 유遊가 빠지면 지치고 지루하며 낙이 없기 때문이다. 놀이 행동전문가인 스튜어트 브라운 박사는 "놀이의 반대는 일이 아니라 우울증"이라고 주장한다. 더 나아가 그는 "놀이는 인간의 원초적인 본능"이리고 정의한다. 이런 면에서 구글의 놀이경영은 인간 존중의 경영이며 인간 중심의 시스템이다.

나는 구글을 연구하면서 이런 고민에 빠졌다. "먼저 놀 것인가, 아니면 일을 먼저 할 것인가. 놀 때 마음이 편하지 못하고 미래가 보장되지 않는 것처럼 두려운 것은 무엇 때문인가." 하지만 일하기 가장 행복한 직장으로 선정된 구글은 이렇게 말한다. "먼저 실컷 즐겨라. 그리고 일하라. 그래야 창조할 수 있다."

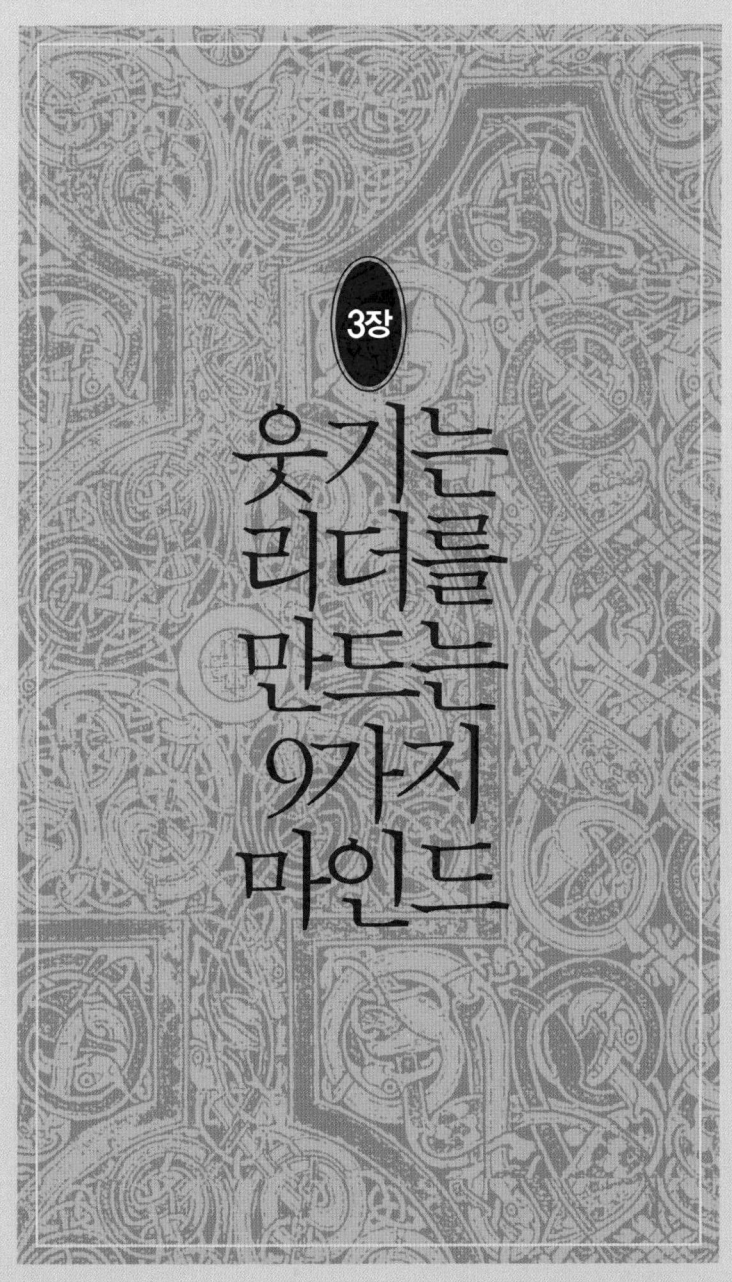

3장

웃기는
리더를
만드는
9가지
마인드

칭기즈칸 부대가 출정을 하는 날 아침이었다.

칭기즈칸이 야전 식당에서 식사를 하려는데 갑자기 밥상 다리가 부러졌다.

이 광경을 목격한 참모들은 하나같이 이렇게 말했다.

"장군님, 이것은 불길한 징조입니다. 오늘 전투는 취소하는 것이 마땅합니다."

그러자 칭기즈칸은 호탕하게 무릎을 치더니 벌떡 일어나 다음과 같이 소리쳤다.

"오늘 전쟁은 우리가 반드시 승리한다. 장군인 내 밥상 다리가 부러졌다는 것은

이제는 더 이상 밖에서 비 맞으며 밥을 먹지 않아도 된다는 것을 의미한다.

오늘로써 전쟁터에서 고생하며 밥 먹는 일은 끝이다."

그날 칭기즈칸 부대는 전투에서 대승을 거두었다고 한다.

칭찬하고 인정하라

지금 우리 주변에는
음식보다 칭찬에 굶주려 있는 사람이 많다.

— 프랭크 크리볼트

젖소들의 항변.

"죽도록 젖 짜서 키워줬더니 이제는 나를 잡아먹는구나. 역시 인
간들은 믿을 짐승이 못 돼."

유머 감각이 뛰어난 사람은 주변 사람을 칭찬하고 인정하는 데 인
색하지 않다. 이것은 또 다른 리더의 덕목이다. 상대방의 장점을 인
정하고 그를 리드해 나가는 지혜야말로 리더가 갖추어야 할 조건인
것이다.

우리는 돈에 굶주려 있는 것이 아니라 칭찬에 굶주려 있다는 말이

있듯이, 우리 내면에는 누구나 칭찬받고 싶은 강렬한 욕구가 있다. "칭찬은 고래도 춤추게 한다"고 켄 블랜차드는 강조하고 있지 않은가. 몸무게가 3톤이나 되는 돌고래가 춤을 출 수 있는 것은 바로 조련사에게 꾸준한 칭찬과 인정을 받은 결과라는 것이다. 칭찬은 그 사람으로 하여금 놀라운 힘을 발휘하게 한다.

갓 태어났을 때 인큐베이터에서 목숨을 건진 아기가 있었다. 그러나 산소 과다 공급으로 눈을 실명하고 말았다. 아기는 무럭무럭 자라 어느덧 학교에 다닐 나이가 되었다. 어느 날 교실에서 수업을 받던 중 쥐가 한 마리 나타나서는 어디론가 숨어버렸다. 눈이 보이지 않는 사람은 청력이 뛰어나다는 것을 알고 있던 선생님은 소년에게 쥐가 어디 있는지 찾아보라고 했다. 모두가 숨을 죽이고 있는 가운데 소년은 쥐가 숨어 있는 곳을 정확하게 알아냈다. 수업이 끝난 후 선생님은 소년을 불러 이야기했다.

"너는 우리 반 누구도 갖지 못한 특별한 능력을 갖고 있다. 그것이 너의 장점이란다."

이 같은 선생님의 따뜻한 말 한마디가 이 소년의 인생을 바꾸어놓았다. 평소에 음악을 좋아했던 소년은 연주 소리를 유심히 듣기만 해도 그 선율을 정확하게 기억하여 연주할 수 있었다. 시각장애아였지만 음악적 재능을 지니고 있었던 것이다. 그리하여 소년은 불과 열두 살에 첫 음반을 냈으며, 천재적인 음악성을 인정받아 가수와 작곡가로서 세상의 존경을 한 몸에 얻었다. 그가 바로 스티비 원더다.

성공한 사람들 중에는 누군가의 칭찬 한마디로 인해 인생이 바뀐 이들이 많다. 학생들을 지도하다 보면 이러한 칭찬의 위력을 실감할 수 있다. 평소에 지각이 잦거나 불성실한 학생을 불러 관심을 보여주면서 그의 장점을 칭찬해 주면 그 뒤로는 학교 생활을 열심히 하는 모습을 볼 수 있다.

미스 김은 평소 안구 건조증 때문에 찬바람만 쐬면 눈에 눈물이 고이곤 했다. 밖에서 은행 업무를 보고 들어오던 미스 김을 만난 영업부의 정 과장.

"아니 미스 김, 눈시울이……?"

"네, 정 과장님을 뵈니 반가워서……."

"애교가 죄라면 미스 김은 교수형 감인 거 알지?"

"정 과장님 칭찬 실력에 사모님은 세월도 비껴가겠어요."

칭찬은 서로를 아끼고 존중하는 마음에서 나온다. 인정이 메말라가고 세상이 각박할수록 따뜻한 말 한마디는 서로에게 큰 힘이 된다. 여기에 유머 한마디가 추가된다면 리더로서 만점이다.

결혼 생활 25년 동안 한 번도 아내에게 예쁘다는 말을 하지 않았던 김봉달 씨가 고등학교 동창회에 참석했다. 한 짓궂은 친구가 이런 제안을 했다.

"지금부터 모두 아내에게 '예쁘다'나 '당신이 최고다'는 문자 메시지를 보낸 다음, 그 응답 메시지가 가장 시원치 않은 사람이 오늘 술값을 내는 거야. 알았지?"

김봉달 씨는 잘못하면 바가지 쓰겠구나 하며 불안한 심정으로 아내에게 문자를 보냈다.

"여보, 나야. 당신 요즘 참 예뻐 죽겠어."

한참 후 김씨 핸드폰에 아내의 응답이 왔다.

"당신 암 걸렸지?"

칭찬은 능력이 아니라 습관이다. 칭찬의 비결은 자주 공개적으로 풍부하게 해주는 것이다. 직장에서도 마찬가지다. 서로를 아끼는 마음으로 칭찬한다면 생산성도 향상되겠지만, 무엇보다 스트레스에 시달릴 일이 없다.

유머 리더는 사소한 장점이라도 찾아내어 인정해 주고 칭찬해 주는 사람이다. 유머 감각은 따뜻한 마음에서만 나올 수 있다. 평소 동료들과 부하직원을 칭찬하고 장점을 인정해 줘라. 그러면 당신이 생각했던 것보다 훨씬 많은 이득이 되돌아올 것이다.

"임붕영은 목소리가 참 좋다. 내가 평생 교직에 몸담고 있었지만 저렇게 목소리가 좋은 학생은 처음이다."

고등학교 때 지리 선생님께서 들려주신 칭찬 한마디는 내 인생을 바꾸어놓았다. 기업체 강사를 거쳐 대학에서 학생들을 가르치게 된 것도 어쩌면 그 칭찬 덕분인지 모르겠다.

당신의 인생에 변화를 준 칭찬은 무엇이었는가. 언제 누구로부터 어떤 말을 들었는가. 그때의 느낌과 상황을 지금 글로 써보라.

옆자리에 앉아 있는 동료의 칭찬거리를 메모하라. 그리고 틈날 때마다 칭찬을 하라. 당신의 아내와 자식, 직장의 윗사람과 아랫사람, 그리고 친구들은 모두 돈과 명예보다 한마디의 칭찬에 굶주려 있다는 사실을 기억하라. 칭찬은 놀라운 능력을 일으킨다. 유머 리더에게 칭찬은 자기 자신을 비롯한 주변 사람들에게 날개를 달아주는 일이다.

존중하고 사랑하라

인간의 본성 가장 깊은 곳에는
인정받고자 하는 갈망이 있다.

— 윌리엄 제임스

복날 술에 취한 개가 하는 말.
"개장사들 다 나오라고 그래!"

유머 리더는 사람을 존중하고 사랑할 줄 알아야 한다. 리더십이란
주변 사람에게 영향력을 행사하는 일로서, 또한 그것은 타인에 대한
존중과 배려를 바탕으로 한다.

타인에 대한 존중과 배려를 외면한 리더십이란 일종의 독재다. 특
히 유머 리더십이란 주변 사람에 대한 사랑 없이는 발휘할 수 없는
것이다. 그러기 위해서는 다음과 같은 노력이 필요하다.

첫째, 당신의 일을 사랑하라.

일을 즐기지 못하면 자기 성장을 꾀할 수 없다. 더불어 사람들과 조화로운 인간관계를 맺어나갈 수 없다. 인간은 일을 통하여 성장한다고 할 수 있다. 일이란 생계를 위한 수단이면서 자아를 완성해 나가는 길이기 때문이다. 지금 하고 있는 일 속에서 즐거움과 만족감을 찾아라. 일을 사랑하고 만족하는 가운데 유머도 생겨나는 것이며, 또 그 유머가 일을 추진하는 윤활유가 되어준다.

둘째, 주변 사람을 사랑하라.

출세나 행복은 자기 혼자의 힘으로 되는 게 아니다. 자기를 믿어주고 지원해 주는 주변 사람들이 없다면 그 누구도 원하는 것을 얻을 수 없다. 흔히 사랑은 받는 것이 아니고 주는 것이라고 한다. 그런데 대부분의 사람은 사랑을 받으려고만 할 뿐 주려고 하지 않는다. 그러다 지쳐버리면 아예 정을 끊어버리는 어리석은 행동을 저지르곤 한다. 분명히 말하거니와 사랑은 받는 사람의 몫이 아니라 주는 사람의 몫이다.

평소에 착하게 살았다고 스스로 믿어 의심치 않았던 사람이 죽었다. 이승을 떠나 저승으로 가는 길목에서 그는 놀라고 말았다.

"아니, 세상에 저런 사람이 나하고 같이 천국에 들다니, 정말 말세야, 말세. 이봐요, 저승사자님. 도대체 아랫마을 살던 강씨가 어떻게 나와 같이 천국에 갈 수 있단 말입니까? 나는 분명히 옥황상제님에게 따질 겁니다. 내가 알고 있는 저 사람의 죄만 해도 한두 가지가 아니라니까요."

"이보게, 어리석은 자야. 저자는 자네와 같이 동행할 만한 자격이 넘치고도 남는다네. 그러니 걱정 말고 따라오기나 하게."

"어찌 저놈하고 제가 같이 천국에 든단 말입니까?"

"어허 참, 지금 자네가 가는 길은 지옥이야, 지옥."

살아 있는 동안 사랑을 베풀지 못한 사람은 죽어서도 인색할 것이다. 한편 남을 사랑할 줄 아는 사람이야말로 진정 사랑을 받을 자격이 있는 사람이다.

좋은 일터 만들기의 출발은 함께 일하는 동료와 자신이 하는 일을 사랑하는 데서 출발한다. 일을 사랑하지 않으며 사람을 사랑하지 않는 사람에게 유머 리더십이란 기대할 수 없는 일이다.

당신이 진정 유머 있는 사람이 되기를 원한다면 지금 당장 가족, 친구, 동료 그리고 살아 있는 것에 대한 감사의 마음을 가져보라. 무슨 일이든 간에 지금 당신이 하는 일에 감사하고 최선을 다하라. 그리고 무엇보다도 자신을 사랑하라. 당신이 자신을 사랑하지 않는다면 누가 당신을 사랑하겠는가. 유머 리더십은 사랑하는 마음에서 싹트는 것이다.

당신은 무엇을 사랑하는가. 혹은 누구를 사랑하는가. 지금 당신이 사랑하는 사람과 사랑하는 것들이 무엇인지 나열해 보라.

사랑의 리더십, 베푸는 리더십, 용서의 리더십, 나눔의 리더십, 함께하는 리더십, 섬김의 리더십, 진실의 리더십…… 이 모든 것이 유머를 만들어내게 하고 유머 리더십을 발휘하게 하는 원동력이다. 유머 감각은 지식이나 논리로 이루어지는 것이 아니라 사랑하고 즐기고 인정하고 만족스러운 인생을 살고자 하는 여유 있는 마음에서 나오는 것이기 때문이다.

변화의 달인이 되라

리더는 변화를 이끌어내는
특별한 영향력을 지닌 사람이다.
— 존 하가이

"개고기 먹느냐는 말을 충청도 사투리로 하면?"
"개혀!"
"그럼 먹는다는 말은?"
"혀."

유머 리더에게 변화는 무엇인가? 유머 리더십은 고정된 틀을 깨고 유연성을 갖추면서 주변 여건의 변화에 능동적으로 대처할 때 나온다. 또한 가정, 직장, 사회생활을 통해 활력을 불어넣고 끊임없는 변화를 추구해 나가는 것이 유머 리더십의 핵심이다. 그러므로 유머 리더는 앞서가는 사람이어야 하며 남보다 먼저 변화하는 사람이어야 한다.

이때 변화는 즐거워야 한다. 유연성이 있어야 한다. 여유가 있어야 한다. 내가 그 변화의 주체가 되어 흐름을 이끌어갈 수 있어야 한다. 변화가 시작된 뒤에 따라가는 것은 이미 늦은 것이다. 물론 그러기 위해서는 나부터 변해야 한다. 내가 변하지 않고는 아무것도 달라지지 않기 때문이다.

세계적인 동기 부여가인 앤서니 로빈스는 "조직을 변화시키고 국가를 개혁하며 더 나아가 세계를 변화시키는 일은 자신을 바꾸는 간단한 일에서부터 출발한다"고 하여 자기 변화의 중요성을 역설했다. 즉 자기 자신의 변화가 주춧돌이 되어야 가정의 변화, 조직의 변화, 사회의 변화, 인류의 변화를 이룰 수 있다는 것이다.

유머란 마음만 먹는다고 해서 저절로 생기는 것이 아니다. 긍정적인 마음과 칭찬과 인정에 인색하지 않는 자기 변화의 과정을 통해서 얻어지는 것이다.

변화 리더의 원칙과 조건

변화하라. 그대가 먼저 변화하라. 그러면 그대가 꿈꾸는 인생을 가질 수 있다. 유머 리더십을 발휘하려거든 우선 유머 리더로 변해야 한다. 유머 리더가 되기 위해서는 세상을 바라보는 눈과 마음을 바꾸어야 한다.

제임스 M. 쿠제스와 배리 Z. 포스너는 그들의 저서 《리더십 챌린지 Leadership Challenge 》에서 리더십과 변화의 관계를 다음과 같이 설명하고 있다.

변화의 추구는 하나의 모험이다.

변화는 우리의 재주와 능력을 시험한다.

그것은 리더십을 기르는 훈련이다.

변화를 가져오는 도전은 힘겹다.

그러나 동시에 즐겁고 신나는 일이다.

자신과 다른 사람에게 최선을 끌어내는 리더라면

자신의 일에서 근본적인 동기를 찾을 수 있어야 한다.

이제 변화의 속도는 빨라졌고

기회는 몇 나노 초의 단위로 나타났다 사라진다.

따라서 모범적인 리더는 혁신 지향적이어야 한다.

그는 새로운 기회를 능동적으로 찾고 만들어나가야 한다.

집단이 나쁜 길로 가지 않도록 주의를 기울여야 한다.

새로운 일을 환영해야 한다.

리더는 변화의 중심에 서는 사람으로 변화의 꽁무니를 쫓지 말아야 한다.

리더는 언제나 뭐 새로운 것 없나, 다음엔 뭐지, 뭐가 더 나을까 하고 말하는 사람이다.

그러한 자세에 미래가 있는 것이다.

변화를 계획하고 설계하라. 훌륭한 유머 리더가 되기 위해서 지금 당장 변화해야 할 요인은 무엇이겠는가? 개인적으로, 조직 차원에서, 사회 차원에서 유머 리더로서 변화하고 성장하기 위한 요인 등을 적어보라. 그리고 변화를 열렬히 노래하라. 변화를 갈망하라. 변화를 확신하라. 그리고 변화를 믿어라. 그러면 당신은 어느덧 멋진 유머 리더로 변해 있을 것이다.

마음을 비워라

지식을 얻으려면 매일 하나씩 쌓아라.
지혜를 얻으려면 매일 하나씩 버려라.

— 노자

"저절로 가는 사람은?"
"중."

유머는 비우는 데서 나온다. 주변에 유머 감각이 뛰어난 사람들을 보라. 욕망이 흘러넘치고 사소한 일에 부질없이 목숨 거는 사람들에게서는 인간미 넘치는 유머를 찾아볼 수 없다.

유머를 담으려면 일단 비우는 작업이 우선되어야 한다. 마음속에 시기와 분노와 욕망이 가득 들어찬 배불뚝이에게 유머를 기대한다는 것은 돼지를 웃기는 것만큼이나 어렵다.

웃음이 흘러넘치는 사람, 주변 사람을 자주 웃기는 사람, 유머 리더십이 강한 사람들은 한 가지 공통점을 지니고 있다. 어떤 경우라도 제 욕심에 사로잡히지 않는 마음의 여유가 있다는 것이다.

속을 비우면 어떤 일이 일어날까

○ 행복합니다. -철학자

○ 많은 것을 담을 수 있습니다. -통 큰 사업가

○ 배고픕니다. -정치인

○ 투덜댑니다. -돼지

○ 병이 낫습니다. -위장병 환자

○ 쓰러집니다. -비만 환자

○ 날개가 돋아납니다. -천사

○ 속 빈 놈이 됩니다. -현실주의자

○ 인간 박제가 되지요. -고고학자

○ 먹을 게 없어요. -식인종

○ 값이 떨어져요. -정육점 아저씨

○ 빈속이 돼요. -유치원생

○ 뺑이죠. -뺑튀기 아저씨

○ 속 보이는 놈. -사기꾼

○ 사진을 찍죠. -내시경 촬영 기사

○ 쫓겨나요. -경리과 직원

○ 아름다운 노랫소리가 들려요. -갈대

○ 담을 넘어야죠. -도둑

○ 들을 게 없어요. -학생들

○ 더 많이 먹을 수 있죠. -야심가

○ 구걸을 하죠. -걸인

○ 여유가 있죠. -유머리스트

당신은 속을 비우면 어떻게 되는가? 소박한 웃음을 원하는가? 유머 리더십을 발휘하고 싶은가? 주변에 사람을 모이게 하고 싶은가? 그러면 비워라. 그것이 가장 빠른 길이다. 비우지 못하면 아무것도 담을 수가 없다. 비우는 만큼 담을 수 있다. 배부른 것이 제일 무섭다고 어느 시인은 노래하지 않았던가?

마음이 닫히면
먼지 한 톨 앉을 자리 없지만
열린 마음은
우주를 담고도 남는다.

당신은 얼마나 자주 웃는가? 하루에 몇 번이나 웃는가? 웃을 일을 만들며 사는가? 아니면 남을 따라 웃다가 집에 돌아오는가?

영국에서 발표된 한 조사에 따르면, 5세 이하의 어린이는 하루에 350번 정도 웃는데 비해 어른들은 기껏해야 15번 정도밖에 웃질 않는다고 한다. 그만큼 행복하지 않다는 말이다. 정말 웃기는 일이다.

무엇이 우리에게서 웃음을 빼앗아갔는가? 웃음이 없는 행복이란 있을 수 없다.

유머 리더는 웃음을 만들어내기 전에 내 안에 쌓인 쓰레기들을 버릴 줄 알아야 한다. 사소한 일에 목숨 거는 한 행복이란 희망 사항일 뿐이다. 유머 리더가 되려면 일단 버려야 한다. 비워야 한다. 재치는 머리에서 나올지 모르나 유머는 마음에서 나오는 법이기 때문이다. 유머로 말하고 처신하라. 그러나 먼저 자신을 비울 줄 알아야 한다. 비우는 자에게 채우지 못할 것이 없다.

매일 아침 일하기에 앞서 비움의 미덕을 생각하고 비움의 법칙을 외워보자. 비우는 순간 저절로 채워진다는 성인들의 말씀이 내 안에서 이루어질 것이다.

유머가 풍부한 사람들과 어울려라

웃음은 그것이 무엇을 담고 있든
전염되고 감염된다.

— 윌리엄 프라이

"명퇴자가 즐겨 부르는 애창곡은?"

"나는 어떡하라고."

"울고 싶어라."

"난 정말 몰랐었네."

"너무합니다."

유머 리더가 되기 위해서는 우선 유머가 풍부한 사람과 자주 접촉하는 것이 바람직하다. 웃음을 물고 다니는 사람과 가까이 하다 보면 어느덧 나 자신도 긍정적으로 변하고 있음을 깨닫게 될 것이다. 그러나 부정적인 사람과 어울리다 보면 갈수록 부정적인 마인드가 자리 잡게 될 뿐이다.

이처럼 인생에서 자주 만나 교류하는 사람들은 나에게 중요한 영향을 미친다. 따라서 어떤 사람들과 어울릴 것인지가 중요하지 않을 수 없다.

유머 리더가 되고 싶은가? 그러면 당연히 유머가 풍부한 사람과 어울려라. 그리고 가까운 친구나 직장 동료와 정기적으로 유머를 나눠라. 인터넷 유머 사이트 중 한두 곳에 가입하여 매일 참신한 유머를 접하도록 하라.

힘들어 죽겠다는 말을 자주 하는 사람과 어울리면 자신도 모르게 죽겠다는 말이 입에 밴다. 이제는 웃겨 죽겠다는 말로 바꾸어보자. 물론 아직까지 웃다가 죽은 사람은 없다. 웃을수록 수명은 연장될 뿐이다.

ㅇ 세상에 가장 웃기는 남자는? -웃기는군

ㅇ 세상에 가장 웃기는 여자는? -웃기는걸

ㅇ 가장 잘 웃기는 소는? -웃겨보소

ㅇ 사람을 죽여야 하지만 웃기는 전쟁은? -우스워

ㅇ 가장 웃음이 많고 잘 웃기는 집은? -웃기네

ㅇ 웃기네 집보다 더 웃기는 집은? -웃기고 자빠졌네

ㅇ 전국에서 가장 웃기는 사람이 많이 사는 동네는? -웃기리

ㅇ 가장 오랫동안 웃기는 사람은? -웃기지롱

○ 가장 우스운 노래는? -우스운가

○ 맡을수록 우스운 냄새는? -우슴구려

건강한 웃음이 인간관계에 미치는 영향을 연구한 결과에 따르면, 혼자 웃는 것보다는 여러 사람과 함께 웃을 때 33배나 더 잘 웃을 수 있다. 이런 통계를 보면 동고동락하면서 웃음을 나누는 것의 소중함이 더욱 크게 느껴진다.

어린아이의 해맑은 웃음을 보면서 화를 낼 사람은 없다. 대개의 사람은 웃음으로 화답하게 마련이다. 한편 감방에 갇힌 죄수의 웃음이든, 죽음을 앞둔 암 환자의 웃음이든, 말이 통하지 않는 이방인의 웃음이든, 웃음은 장소와 상황을 가리지 않고 관계를 가깝게 만드는 강력한 커뮤니케이션이다.

유머 전문가들은 대부분 어린 자녀에게서 열린 마음을 배우게 된다고 한다. 어린이의 마음처럼 순수하지 못하고 계산이 복잡한 사람은 유머의 날개를 달 수 없다.

웃음의 어원은 그리스어로 겔로스Gelos라고 한다. 이 말은 헬레Hele라는 단어에 뿌리를 두고 있는데, 건강이라는 의미가 담겨 있다고 한다. 그러고 보면 웃음은 곧 건강이라고 할 수 있다.

유머리스트가 되고 싶고 유머 리더십으로 성공하고 싶다면 주변에 웃음이 많은 사람과 어울려라. 그들의 웃음은 분명히 당신을 감염시키고 유머적인 존재로 만들어줄 것이다.

평소에 유머를 수준급으로 구사할 뿐 아니라 스스로 유머를 생산해 내는 한 남자를 알고 있다. 그를 만날 때면 늘 배꼽을 잡고 웃을 수 있고, 새로운 유머를 접할 수 있어서 좋다. 어느 날 그는 화장실 조크를 들려주었다. 화장실에서 한창 힘을 주고 있을 때 누군가 노크를 하면 자신도 모르게 튀어나오는 대답이라는 게 직업별로 다양하다는 것이다. 예를 들자면 다음과 같다.

○ 네, 감사합니다. 뭘 도와드릴까요? -스튜어디스

○ 이 시간에 누구야! -경비원

○ 암호는? -초병

○ 네, 들어오세요. -비서

○ 오늘은 마감했습니다. -은행원

○ 오늘은 연락하지 말랬지? -도피 중인 범인

○ 시험이나 잘 봐. -교수

○ 어, 결재할 것 있나? -사장

인생은 즐거워야 한다. 그러기 위해서는 즐겁게 사는 법을 배워야 한다. 당신이 코미디언이 될 필요는 없다. 그러나 코미디언만큼의 유머 감각을 기를 필요는 있다. 이것이 감성 시대에 살아남는 길이다.

미국에서는 매년 4월을 유머 강조의 달로 정하고 있다. 사회적으로 유머에 관심을 기울이며 관리하는 것은 분명 부러운 일이다.

유머를 교환하라. 오늘 회의 시간부터 유머를 써먹어라. 만남의 첫 순간을 유머로 열어라. 유머는 당신을 강하고도 부드러운 사람으로 만들어줄 것이다. 친구를 만나든 거래처 손님을 만나든 협상을 하든 연설을 하든 토론을 하든 항상 유머로 무장하라. 유머는 위기에서 당신을 구출해 주는 친구가 되어줄 것이다. 유머는 난처한 상황을 따뜻하게 만들어주는 분위기 메이커가 되어줄 것이다. 유머는 당신에게 리더가 될 수 있는 힘을 줄 것이다.

하루 한 가지 이상 유머를 외워라

웃음은 울음보다 더 멀리 들린다.
— 독일 속담

"프랑스에서 가장 유명한 요리사는?"

"드슈."

언젠가 실직자를 위한 창업 강좌에 초청되어 '창업자의 자세'라는
제목으로 강의를 한 적이 있다. 여느 때와 마찬가지로 부드러운 유머
를 섞어 인사말을 던졌더니 처음부터 청중 사이에서 웃음이 터져나
왔다. 만족스러운 반응에 내심 '그래, 이 정도면 강의도 잘되겠군' 하
며 더욱 열정적으로 강의를 진행했고, 사람들도 괜찮은 호응을 보여
줬다.

첫 강의를 성공적으로 끝낸 뒤, 다음 강의를 시작하기 전에 쉬는 시간을 이용하여 화장실을 찾았다. 그때 나는 기절할 뻔했다. 거울을 보니 이 사이에 큼지막한 고춧가루가 끼어 있는 게 아닌가. 처음 인사할 때 사람들이 웃은 것은 나의 유머 때문이 아니라 고춧가루가 낀 이를 보고 웃음을 터뜨린 것이다.

나는 뒤늦은 수습을 하고 나서 강의실로 들어갔다. 그리고 청중 앞에 서서 난처하고 어색한 분위기를 무마하고자 한마디 했다.

"여러분께서 그렇게 사랑하시던 왕 고춧가루를 방금 전 화장실에서 수장시키고 왔습니다. 이제 제 강의에 집중해 주십시오. 애타게 기다려도 그는 다시 오지 않습니다."

그러자 청중은 나에게 박수를 보내주었고, 나머지 강의를 따뜻한 분위기에서 무사히 마칠 수 있었다.

평소에 유머를 외우고 적절히 사용하다 보면 난처한 상황에서도 자연스럽게 활용할 수 있는 나만의 테크닉을 계발할 수 있다. 유비무환이라 했다. 유머 실력만 갖춘다면 언제 어디에서 예기치 않은 상황에 직면해도 무사히 탈출할 수 있다.

유머 리더가 되기를 원한다면 웃음 클럽을 만들어보자. 웃음을 사랑하는 사람들을 모아보고 유머를 즐기는 사람들과 함께하는 자리를 마련하자. 그러면 자연스럽게 유머를 구사하는 요령을 터득하게 될 것이다.

유머 테크닉을 향상시키는 방법 중 하나는, 알고 있던 유머를 중심으로 응용해 보는 것이다. 처음부터 창조적인 유머를 만들어가지 말고 이미 알고 있던 유머를 조금씩 각색해 보는 것이다.

한 가지 주제를 선정하고 그와 연관된 유머들을 시리즈 형태로 연결 지어 나가는 것도 훌륭한 방법이다. 예를 들어 결혼과 이혼에 대하여 생각해 보자.

요즘 워낙 이혼율이 높아지다 보니 가정을 지켜내는 일도 리더십의 한 조건이 되고 있다. 이러한 위기일수록 유머 있는 남편, 유머 있는 아내로서 검은 머리 파뿌리 될 때까지 사랑의 리더십을 발휘해 본다면 성과가 있을 것이다. 통계청이 발표한 2009년 한국의 사회지표를 보면, 한 해의 이혼 건수가 무려 12만여 건이나 된다. 전통적인 결혼관은 점차 사라지고 있고, 심지어 먼저 살아보고 결혼하는 커플도 꽤 늘어가고 있다. 이렇다 보니 정부 차원에서도 이혼율을 줄이기 위한 다양한 정책을 내놓기에 이르렀으며, 이혼을 방지할 수 있는 처방이 여기저기에서 나오고 있다.

어느 결혼 정보 회사에서 '이혼을 막는 방법'이라는 아이디어를 공모한 적이 있다. 그러자 전국에서 다양한 아이디어가 쏟아졌다. 최고 당선작의 아이템은 의외로 간단했다.

"이혼을 방지하는 최선책은 결혼하지 않는 것."

친척 언니의 결혼식에 참석한 어린 순이가 엄마에게 물었다.
"엄마, 왜 신부는 항상 흰색 드레스를 입어야 해요?"
"응, 그것은 순결하다는 증거야. 그만큼 티 없이 깨끗하다는 것을 말하지.”

“그럼, 왜 신랑은 항상 검은 옷을 입고 입장하지?”

“남자들은 다 속이 시커멓기 때문이지.”

“알았다. 그래서 엄마 아빠 결혼 사진에서도 아빠가 검은 옷을 입고 있었구나.”

결혼이란 양쪽 집안이 관계를 맺는 것이다. 그래서 당사자들과 양가 부모들의 관계는 매우 밀접해진다. 며느리 사랑은 시아버지고 사위 사랑은 장모라는 말도 있지 않던가.

그런데 예로부터 장모의 사위 사랑에는 씨암탉이라는 희생양이 꼭 등장한다. 사위가 처갓집에 나타나기만 하면 동네 닭들은 대책을 세우기 위한 비상 회의에 들어간다. 그때 신랑을 발견한 최초의 닭은 이렇게 외친다.

“적이 나타났다!”

며느리와 시어머니 관계는 어떠한가. 돈독한 고부지간도 꽤 있겠지만 갈등이 심한 경우도 더러 있다. 시어머니와 며느리 사이에는 건널 수 없는 강이 있기 때문이다. 그런 관계 때문에 이런 유머도 생겼다.

모 회사가 분양하는 아파트 모델하우스에 주부들이 벌떼처럼 모여들었다.

“다 좋은데요, 아파트 이름이 너무 어려워요, 꼭 그렇게 지어야 하나요?”

"그게 다 주부님들을 위한 우리 회사의 배려지요."

"배려라니요?"

"아, 아파트 이름을 어렵게 지어야 시어머니가 쉽게 찾아오지 못할 게 아닙니까."

유머 중에는 병원과 환자를 배경으로 한 이야기도 많다. 이번에는 정신병원에서 벌어진 황당한 일이다. 정신병 환자들은 자기에게 이상이 있다고 생각하지 않기 때문에 가끔 엉뚱한 경우가 발생하곤 한다.

"김 선생, 요즘은 어떤 느낌이 드나요?"

"글쎄요, 제가 소가 된 느낌입니다. 세상일이 힘들게만 보이고 나는 죽어라 일을 해야 하는 소가 된 것 같아요."

"좀 특이한 증세군요. 언제부터 그런 느낌을 갖게 되었지요?"

"당연히 송아지 때부터지요."

정신병의 초기 증세를 보이는 박씨는 입원한 후 줄곧 누군가에게 편지를 썼다. 궁금증을 참지 못하고 한 간호사가 물었다.

"매일 누구에게 편지를 쓰시죠?"

"나한테 씁니다."

"무어라고 쓰는데요?"

"그걸 어찌 알아요. 받아보지도 않았는데."

어느 날 어떤 환자가 고무줄로 요쿠르트 병을 묶어 이리저리 던지며 노래를 불러대기 시작했다. 담당 의사가 다가가 조심스럽게 물었다.

"지금 뭘 하고 계시죠?"

"보면 모르세요, 낚시하고 있잖아요."

다음 날 회진을 돌던 의사가 다시 물었다.

"오늘은 물고기를 많이 잡았나요?"

"이 사람이 미쳤나, 요쿠르트 병으로 무슨 물고기를 잡아?"

이쯤 되면 누가 진짜 환자인지 헷갈리게 된다.

진정한 리더는 자신이 원하는 영향력을 행사하면서 일을 리드해 나가는 사람이다. 영향력을 행사하는 방법에는 여러 가지가 있을 수 있는데, 리더십 전문가 블레인 리는 세 가지 방법을 이야기하고 있다.

첫째는 강압적인 방법이다. 이것은 위협하거나 벌을 주거나 목적 달성을 위하여 무리하게 추진하는 것이다.

둘째는 실리적인 지도력을 발휘하는 것이다. 이것은 서로에게 이득이 될 수 있는 방법을 찾는 것인데, 목표를 달성하면 성과급을 지급하거나 승진을 보장하여 사람을 움직이는 거래적인 리더십이다.

셋째, 원칙 중심의 방법이다. 이것은 신뢰감과 존경심을 중심으로 사람을 움직이고 리드해 나가는 방법이다.

나는 여기에 하나 더 추가하고 싶은 게 있다. 그것은 바로 유머적인 방법이다. 인간은 유희의 동물이다. 일을 하고 목표를 추구하는 것도 결국은 행복을 찾기 위한 것이지 일 자체가 목적일 수는 없다. 그렇다면 일을 즐기면서, 웃으면서, 유머적인 방법으로 리드해 나가는 방법이 가장 자연스럽고도 효과적인 방법 아니겠는가? 이보다 사람을 쉽게 움직이는 법이 어디 있으랴.

스트레스를 죽여라

그대의 마음을 웃음과 기쁨으로 감싸라.
그러면 인체에 해로움을 막아주고 생명을 연장시켜줄 것이다.
— 셰익스피어

"전주비빔밥보다 더 맛있는 비빔밥은?"
"이번주 비빔밥."

스트레스를 당장 몰아내라. 스트레스가 당신 안에 뿌리 내리지 못하도록 지금 당장 조치를 취하라.

스트레스는 육체적으로 당신의 건강을 허물고 정신을 좀먹는다. 아무리 훌륭한 인격과 지식을 갖추었다 해도 은연중에 스며드는 스트레스는 내부에 큰 구멍을 만들 수 있다. 스트레스는 보이지 않는 적이며, 내 안의 테러리스트다.

유머 리더는 스트레스에도 강해야 한다. 스트레스에 시달리는 이상 그에게서 어떠한 유머나 창의적인 아이디어도 기대할 수 없기 때문이다. 유머 감각이란 만족스러운 인생살이에서 나오는 것이며 현실을 긍정적으로 바라볼 때 생겨난다. 내 안에 스트레스가 가득하다면 달콤한 유머는커녕 수면 장애와 위장 장애에 노출될 것이며, 나아가 우울증으로까지 확대될 수 있다.

전문가들에 의하면 심한 스트레스는 정신적인 피해뿐만 아니라 육체적으로도 고통을 안겨준다고 한다. 현대인의 질병 중에서 가장 무서운 것은 원인을 찾을 수 없는 스트레스성 질환에 시달린다는 것이다. 특히 최근에는 경기 불황이 장기화되고 직장인들의 퇴직 연령이 낮아지면서 언제 밀려날지 모른다는 불안감이 팽배해져 식욕 감퇴와 불면증, 우울증, 불안감으로 나날을 보내는 사람들이 늘어나는 추세다.

내 안의 적을 몰아내려면 무엇보다도 일을 즐겁게 하고 현실을 긍정적으로 인정하는 태도가 필요하다. 세계적인 비즈니스 컨설턴트인 브라이언 트레이시는, "스트레스란 없으며 다만 스트레스적인 반응만 있다"라고 했다. 이 말은 즉, 세상이 나를 괴롭히는 것이 아니라 나 자신이 괴롭히는 것이라는 뜻이다. 간디도 "당신을 제외하고는 아무도 당신 자신을 괴롭히지 못한다"고 말한 바 있다.

스트레스가 자신을 지배하는 상태에서 유머 리더십은 발휘될 수 없다. 유머 리더로서 남을 즐겁게 리드하고 싶은가. 유머로서 인정받고 싶은가. 유머로 즐거운 인생을 누릴 작정이라면 지금 당장 당신을 괴롭히는 스트레스, 불필요한 것에 대한 집착, 헛 걱정을 몰아내라.

스트레스 연구자들에 의하면, 대부분의 사람이 스트레스를 받는 걱정거리의 40퍼센트는 일어나지 않는 일이라고 한다. 그리고 30퍼센트는 이미 지나가버린 일에 대한 집착이며, 12퍼센트는 건강에 관한 쓸모없는 근심이며, 10퍼센트는 아주 경미한 일에 대한 걱정이라고 한다. 남은 8퍼센트 중에서 4퍼센트는 인간의 힘으로 막을 수 없는 분야라고 한다. 결국 4퍼센트만이 현실적인 걱정거리일 뿐 나머지는 불필요하고 사소한 것에 대한 집착이나 막연한 불안이라는 것이다.

이러한 통계에 비추어볼 때 우리는 지극히 사소한 일에 인생을 낭비하며 살고 있는 것처럼 보인다. 그러나 스트레스는 잘만 극복하면 오히려 성장 촉진제가 될 수 있다는 것이 연구자들의 공통된 의견이다.

당신은 스트레스를 어떻게 다스리고 있는가. 스트레스^{stress}라는 말 속에 이미 그 해결책이 들어 있다. 함께, 이 단어의 철자를 풀이해 보자. 그리고 진정한 유머리스트로 거듭날 수 있는 방법을 찾아보자.

첫째, 스트레칭^{Stretching} 기법이다.

근무 시간이나 일터에서 틈나는 대로 몸을 풀어줌으로써 새로운 에너지를 재충전한다. 일터에서 쌓인 스트레스는 일터에서 버리는 것이 현명한 방법이다. 집까지 끌고 가서 사랑하는 자식들에게 화풀

이하는 것은 어리석은 짓이다. 정신 노동에 시달리는 직장인의 스트레스는 대개 몸을 움직이는 방법으로 해결하는 것이 좋다. 머리는 과부하가 걸려 있는 상태인데 가만히 앉아 있기만 한다면 스트레스는 더 악화될 뿐이다.

둘째, 함께 Together 어울리는 방법이다.

리더란 사람들과의 관계에서 비롯된 역할이기 때문에 혼자서는 결코 이루어질 수 없다. 사람들을 잘 이끌어가려면 그들과 원만한 관계를 유지해야 한다. 따라서 동료들과 함께할 수 있는 공동의 놀이나 유머를 찾아서 즐겨라.

대부분 조직에서의 문제는 인간관계에서 비롯된다. 어느 잡지의 자료에 의하면 직장을 떠나고 싶어하는 사람들의 첫 번째 이유는 바로 윗사람과의 불화 또는 윗사람으로부터 받는 스트레스 때문이라고 한다. 그러나 인간관계로 인한 스트레스는 결국 어디서든 마찬가지일 뿐이다. 지금 있는 자리에서 최선을 다하는 것이 현명한 처사다. 사람 사이의 문제를 풀어주는 가장 좋은 방법은 믿음이다. 동료들에 대한 불신은 경쟁 관계를 유발하고, 이로 인해 긴장 관계가 형성될 뿐이다.

직장에서 스트레스 받는 남편 때문에 그의 부인이 컨설팅을 받기로 했다.

"저희 남편은 실력도 뛰어나고 학벌도 좋은데 스트레스 때문에 생으로 죽을 판입니다. 해결할 길이 없을까요?"

"물론 있죠, 두 가집니다."

"그게 뭔가요?"

"승진하려고 노력하기 전에 먼저 동료들과 어울리고 일을 즐기는 것이죠. 현재 생활에 최선을 다하는 겁니다."

"다른 하나는 뭐죠?"

"당장 사장이 되는 것입니다."

셋째, 긴장을 풀고 Relax 사는 방법이다.

대개 사람들은 자기가 얽매어 있는 문제가 얼마나 하찮은지 알지 못한다. 별일도 아닌데 세상을 탓하고 윗사람을 탓하면서 스스로 화를 돋운다. 이제 그 모든 것을 잊고 나만의 조용한 시간을 가져보자. 긴장을 풀고 먼 곳에서 나를 돌아보자. 내가 어떤 상황에 있는지를 객관적으로 살펴보자.

근무 중에라도 10분 정도는 바깥 산책을 해보라. 여유가 생기고 긴장도 완화될 것이다. 스트레스가 수명을 단축할 수 있다는 사실을 기억하라. 스트레스가 행복을 빼앗는다는 것을 명심하라.

넷째, 일을 오락처럼 즐기는 Entertainment 방법이다.

일을 오락처럼 즐기라니, 실제로 그렇게 한다는 것은 쉬운 일이 아니다. 그러나 일을 즐길 수 없다면 월급 외에는 아무것도 얻을 수 없다. 평가, 승진, 비전이라는 것도 남의 일일 뿐이다.

무엇보다 현재의 즐거움이 중요하다. 인생의 즐거움은 미래에 있는 것이 아니라 바로 지금 이 순간에 있다는 현자의 말을 덧붙이지 않더라도, 지금 하고 있는 일을 즐기지 못한다면 미래가 무슨 상관이란 말인가. 우리나라 직장인들은 가족보다도 더 많은 시간을 회사에서 동료들과 보내는 실정이다. 그런 만큼 일을 즐겁게 받아들일 필요가 있다. 유머 리더십도 그러한 마인드에서 발휘될 수 있다.

다섯째, 일과 생활을 단순화^{Simplify}하는 일이다.

불필요한 일이나 사소한 일에 목숨 걸지 마라. 일을 단순화하라. 모든 에너지를 하나에 집중하라. 복잡하게 생각할수록 에너지는 분산되고 성과는 떨어진다. 이루고자 하는 일에 집중하라. 목표 지향적인 사고와 집중력을 높여 일을 단순화하면 일도 생활도 즐거워진다.

여섯째, 인생은 달콤한 것^{Sweet}이라고 생각하라.

인생을 즐기지 못하고 쫓기듯 사는 사람에게는 웃음이 머물 수 없다. 그러나 여유 있는 마음가짐으로 인생을 대하다 보면 스트레스에도 유연하게 대처할 수 있다. 이때 비로소 유머도 빛을 발하는 것이다. 유머란 머리에서 나오는 것이 아니라 마음에서 우러나는 것으로, 얼마나 기쁘고 행복한 생활을 누리고 있는가의 척도가 된다.

배려하는 마음으로 무장하라

미소는 호의를 전달하는 심부름꾼이다.

— 데일 카네기

"의사들이 가장 싫어하는 고사성어는?"

"유비무환(비 오는 날 환자가 없으니까)."

세상의 모든 일은 서비스업이라고 볼 수 있다. 그렇다면 모든 사람이 서비스맨이다. 따라서 대인 관계나 비즈니스에서도 서비스를 빼놓을 수 없다. 서비스 정신이 투철한 사람은 일에서도 성공할 확률이 높다. 우선 동료나 고객에 대한 관리 능력 면에서도 윈윈 전략을 제대로 구사할 수 있으며, 그러한 관계를 지속시키는 데에는 유머가 큰 역할을 담당한다.

유머를 사적인 관계의 양념으로만 생각해서는 안 되며, 고객을 만족시키는 중요한 서비스라고 생각해야 한다.

어느 식당에서 음식을 먹던 손님이 종업원을 부르더니 호통을 쳤다.

"이봐요 아가씨, 음식 속에 웬 반지가 들어 있네요? 손님을 이렇게 대해도 되는 겁니까?"

"손님도 참, 그것은 서비스입니다."

"뭐요?"

"그렇게 화를 내시니 반지는 가져가겠습니다. 손님은 저희 서비스가 맘에 안 드시나보군요."

세상에 어떤 음식점에서 서비스로 반지를 준단 말인가. 음식을 만드는 과정에서 일어난 실수가 분명하지만 종업원은 재치 있는 유머로 위기를 넘긴 것이다. 만약 종업원이 "제가 설거지하다 잃어버린 겁니다"라고 말했다면 싸움이 벌어질 것은 불 보듯 뻔한 일이다.

서비스는 인간관계의 기본이요, 기업 경영의 핵심 요소다. 서비스 정신이 없으면 인간관계는 물론이고 기업과 고객 간의 관계가 지속적으로 유지될 수 없다. 이러한 서비스의 한 방법으로써 유머를 전략적으로 활용할 줄 알아야 한다. 훌륭한 서비스맨십은 바로 유머 리더십에서 나온다.

인간은 혼자서는 살아갈 수 없는 사회적 존재다. 이 말의 의미는,

서로의 권리와 인격을 존중하며 상대방의 입장이 되어 살아갈 때 더 나은 미래를 추구할 수 있다는 것이다.

또 사람과 사람의 만남에는 어떤 형식으로든 주고받는 거래 관계가 이루어지게 되어 있다. 그 모든 거래의 밑바탕에는 무형의 서비스 정신이 포함되어 있다. 한마디로 서비스란 모든 관계의 기본이며, 이것을 제대로 실천하는 태도가 무엇보다 중요하다. 대통령은 국민에게, 시장은 시민에게, 기업은 고객에게 최대의 서비스를 제공하는 것이 바로 능력이다.

일본의 소니 사에서는 나를 제외한 모두가 고객이라는 신념을 직원들에게 고취시킨다. 인생을 비즈니스라고 볼 때 나의 고객은 누구인가? 윗사람, 아랫사람, 동료가 모두 나의 고객이다. 나는 나의 고객을 통하여 성공할 수 있다. 그러나 나의 고객을 만족시키지 못하면 나의 미래는 불투명하다. 따라서 고객을 만족시킬 수 있는 지혜를 동원해야 하며, 유머는 가장 훌륭한 방법 중의 하나다. 유머형 인간으로 거듭나고 싶은가? 그렇다면 서비스 정신으로 무장하라.

신촌 현대백화점 뒷골목에서 '아저씨네 낙지집'을 운영하는 유민수 사장은 서비스가 무엇인지를 보여주는 사람이다. 유 사장은 10년 전 3,000만 원으로 이 사업을 시작했다. 지금은 저녁때가 되면 손님이 줄을 설 정도로 유명 업소가 되었다.

유 사장의 전략은 광고 판촉이 아니라 서비스였다. 손님에게 신뢰를 얻을 만한 서비스보다 뛰어난 경영 전략은 없다는 것이다. 이 음식점 직원들이 인사하는 것만 봐도 알 수 있다. 손님들은 형식적인 인사를 부담스러워하기 때문에 지나치게 허리를 굽히지 않는 대신 정성껏 목례를 하도록 교육을 했는데, 손님 입장에서는 매우 친근감을 불러일으킨다.

또한 손님의 입장에서 생각하기 위하여 부단히 노력했다고 한다. 주로 젊은 세대가 오기 때문에 그들을 이해하고 그들의 관심사를 알기 위한 노력을 했던 것이다. 손님과 눈높이를 맞추기 위한 서비스가 아닐 수 없다. 물론 이들과 호흡하기 위해 재미있는 유머를 준비하고 친근하게 대화한 것도 주효했다고 한다. 그의 경우를 통해 유머가 어떠한 서비스인지를 알 수 있다.

유 사장의 사례에서 보듯이 오너의 유머 서비스는 직원을 감염시키고, 직원들 스스로가 유머 문화를 형성해 나갈 수 있도록 하는 것이다. 그러면 자연히 고객들도 감동하게 되어 기업 전체의 이익을 가져다준다.

철저한 서비스 정신 하나로 사업에 성공한 유 사장은 2001년 외식 경영 대상을 수상하여 그 장인 정신을 평가받았다.

서비스는 고객을 감동시키는 기술이다

고객을 감동시킬 수 없고 재방문을 유도하지 못하는 서비스는 가치가 없다. 서비스란 궁극적으로는 고객의 마음을 움직여서 수익을 창출하는 데 목적이 있다. 여기에 유머 테크닉이 추가된다면 서비스는 만점이다. 이제 물건만을 구매하는 것이 아니라 즐거움까지 구매하는 시대기 때문이다.

서비스는 고객을 행복하게 하여 잠재 고객을 끌어오는 마력을 지닌다

한 번 좋은 인상을 받은 고객은 주변 사람들에게 자연스럽게 홍보하게 되고, 자신의 경험에 동반시키고자 한다. 결국 서비스는 신규 고객을 창출하는 효과가 크다.

상품을 팔지 말고 즐거움을 팔아라

고객이 구매하고자 하는 것에는 상품 자체의 가치만이 아니라 구입 과정의 즐거움도 포함되어 있다. 그렇다면 고객이 즐겁게 상품을 살 수 있도록 해야 하며, 그러기 위해선 유머 서비스가 필요하다.

서비스란 고객 대상 업무를 맡은 사람에게만 한정된 것이 아니다. 궁극적으로 모든 조직의 구성원은 고객을 위해 존재하고, 고객과의 관계를 어떻게 맺어나가느냐 하는 것은 기업과 개인의 생존과 직결된다. 따라서 모든 구성원이 서비스 리더십을 갖추어야 한다.

서비스 리더십이란 유머 리더십을 바탕으로 한다. 유머 리더로 성공하고자 한다면 당장 서비스 정신을 갖추어라. 서비스는 동료를 사랑하고 이웃을 존중하며 고객의 존재를 귀하게 여기는 마음에서 자라난다. 이러한 서비스 마인드를 제대로 갖춘 사람만이 21세기형 인간이다.

유머 지수를 개발하라

우리는 습관의 결과물이다.
우수함이란 결국 행동이 아닌 습관에 불과하다.

—아리스토텔레스

"바둑알과 유조선 중 어느 것이 더 무거울까?"
"바둑알(가라앉으니까)."

유머 지수를 높이고 멋들어진 유머를 과시하기 위해서는 그만한
노력이 뒤따라야 한다. 웃음이란 자연스럽게 상황에 반응하는 것이
지만, 그런 웃음을 유발하는 유머 리더십은 노력의 산물이다.

이제부터 품위 있는 유머, 자신을 돋보이게 하는 유머, 언제 어디
에서든지 자신을 지켜주는 유머 실력을 길러보라. 유머는 당신의 부
족함을 메워주고 난처한 상황을 극복하게 해주며 대인 관계를 부드

럽게 해주는 윤활유가 될 것이다. 당신 인생에 기름칠을 한다면, 부
드러운 세상을 살게 될 것이다.

유머 지수를 개발하는 방법을 유머HUMOR라는 단어의 철자순으로
제시해 본다.

첫째, 유머 습관Habit 을 길러나가야 한다.

웃음은 능력이 아니라 습관이라는 말이 있다. 유머를 존중하고 사
랑하며 익히는 습관은 유머 리더로 성공하는 지름길이다. 여기에는
웃는 습관, 인생을 즐기는 습관이 포함된다. 또한 모든 상황을 긍정
적으로 바라보는 습관, 즐겁게 일을 받아들이는 습관, 동료들과 원만
한 인간관계를 유지하는 습관, 일을 재미있게 하려는 습관 등이 유머
리더로 가는 길이다.

성공하는 사람들에게는 7가지 습관이 있다고 한 스티븐 코비 박사
는 이렇게 말한다.

"습관이야말로 일관성 있는 무의식적인 유형으로, 우리의 성품을
나타내고 개인의 성공과 실패에 중요한 역할을 한다."

또 이런 말도 하였다.

"훌륭한 습관이란 응급처치식으로 짧은 시간에 형성되는 것이 아
니다. 습관이 형성되는 것은 하나의 과정이고, 나아가 무한한 결심과
몰입을 요구한다."

습관이 인생에 어떤 영향을 미치는지, 또 그 형성 과정은 어떠한지
를 알려주는 대목이다. 습관은 제2의 천성이라고 한다. 유머 리더로

서 비전을 제시하고 자신의 리더십을 돋보이게 하는 능력은 습관화된 일상생활에서 나온다.

당신은 어쩌면 허점투성이고 잘하는 일보다는 못하는 일이 더 많은 부족한 존재일지도 모르지만, 이러한 단점을 극복하게 만들어주는 것이 있다. 바로 유머 감각이다.

둘째, 언제 어디에서든지 써먹을 수 있는 Ubiquitous 유머 실력을 갖추는 일이다.

어느 화장실에 금연을 권장하는 문구가 씌어 있었다.
"왜 산에 호랑이가 없는 줄 아십니까? 호랑이가 담배 피우던 시절, 호랑이들이 모두 폐암으로 죽었기 때문입니다."

금연 캠페인치고 얼마나 재치 있고 설득력 있는 문장인가. 상투적이고 딱딱한 문구보다는 훨씬 효과가 있을 것 같지 않은가? 이것이 바로 유머의 힘이다.

유머 리더는 언제 어디에서든지 유머의 힘을 이용할 수 있는, 이른바 유비쿼터스 유머 감각을 익혀야 한다. 유머 감각만 제대로 갖춘다면 어떤 위기도 난관도 지혜롭게 극복하고 자신의 존재를 드높일 수 있다. 이때 중요한 것은 꾸밈없이 솔직하게 구사할 줄 아는 능력이다. 이것은 일상생활 속에서 진실을 발견하고 그것을 유머라는 고급스런 화술로 전개하는 능력이다. 그러자면 항상 정신이 깨어 있어야 한다. 누구와 어떤 문제로 만나더라도 그 상황에서 자연스럽게 발휘할 수 있도록 말이다.

셋째, 유머는 도덕적인 내용Moral을 담아야 한다.

유머의 소재는 인간적인 것이어야 하고, 만인이 공감할 수 있는 정서가 담겨 있어야 한다. 그것이 유머의 생명이다. 도덕적이지 않은 유머는 오히려 분위기를 어색하게 할 뿐만 아니라 유머의 장본인을 오히려 궁지에 몰아넣을 수 있다. 그렇기에 어떤 사람을 골려주기 위한 방편이 되어서도 안 되며, 자신을 미화하기 위한 방편이 되어서는 더더욱 안 된다. 유머의 소재는 진실하고 성실한 일상생활 속에서만 나올 수 있다.

어느 한적한 시골 마을 교회에서 신부님이 강론을 하고 있었다. 강론 주제는 천당에 가는 확실한 방법이었다.

"천당에 들어가는 가장 확실한 방법은 뭐라고 생각하시나요? 여러분의 믿음을 이야기해 보세요."

"매일 기도해야지유."

"뭐니뭐니해도 착해야겠지유."

"도둑질하면 안 되유."

"가난한 사람을 도와야지유."

그때 술 한잔 걸치고 들어온 어떤 신자 왈.

"뭐 그리 복잡혀, 일단 죽어야지."

점심 시간에 김무료 씨는 한잡담 씨와 커피를 나누고 있었다.

"자네는 흑인이 왜 무거운지 아나?"

"그야 덩치가 크니까 그렇겠지."

"그게 아닐세."

"그럼 뭔데?"

"입술이 두껍기 때문이지."

당사자들이 들었을 때 모욕감을 느끼게 되는 것은 블랙 유머다. 이것은 상대를 공격하거나 비하할 때 이용되는 것으로, 진정한 유머 리더십이라고 볼 수는 없다. 리더의 유머는 도덕적이고 인간적이어야 한다. 다만 누구나 무릎을 치며 공감할 수 있는 소재를 엄선해야 한다. 일상적인 소재로 단순한 웃음만을 주는 것은 역효과를 낼 수 있다.

넷째, 마음을 열어야^{Open} 한다.

마음을 열지 못하면 아무것도 담을 수 없다. 물론 아무것도 꺼낼 수 없다. 마음은 나와 세상을 연결하는 통로인데, 그 마음을 닫으면 세상으로부터 고립된다. 리더는 머리가 아니라 마음이 열려야 한다. 그래서 마음을 연다는 것은 자신을 잘 다스리는 것과 같다. 유머 또한 열린 마음에서 나온다.

달마 대사는 옹졸한 마음의 가난함을 이렇게 지적했다.

마음이여, 알 수 없구나.

너그러울 때는 온 세상을 다 받아들이다가도

한 번 옹졸해지면 바늘 하나 꽂을 자리 없구나.

이처럼 마음이 열리지 않으면 바늘 하나 꽂을 수가 없다. 이러한 마음에서 어떻게 웃음을 기대할 수 있으랴. 유머 리더가 되고 싶다면 마음부터 열어라. 마음이 열리면 나머지는 저절로 열린다. 늘 긍정적으로 생각하고 세상을 따뜻한 시선으로 바라볼 줄 알아야 한다.

마음을 연다는 것은 외부로만 향한 것이 아니다. 끊임없는 자기와의 대화, 명상, 기도, 자기 사랑을 통하여 세련된 유머 감각을 키워가야 한다. 내가 나를 사랑하지 않는데 과연 누가 나를 사랑하겠는가. 나를 사랑하기 위해서는 머리로 생각하지 않고 마음으로 생각하는 태도를 가져야 한다. 인간은 자신에게 사랑받을 때 가장 행복하다. 자신을 사랑하지 않고 동료를 사랑하며 그들을 웃길 수 있다는 것은 불가능한 일이다. 유머 리더십은 자기를 사랑하는 넉넉함에서 나온다.

다섯째, 책을 많이 읽어야 Reading 한다.

느슨하고 여유가 있어야 웃음도 나오고 유머를 나눌 수 있다. 일터에서 땀만 나누면 이 얼마나 고통스러운 일이겠는가. 일터에 여유 공간을 만들어 부드러운 조직 문화를 만들어가야 한다. 감성사회에는 원리, 원칙보다는 여유와 재미, 웃음이 범벅이 된 일터가 창조적이다. 또한 젊은이들은 이런 일터를 더 선호한다.

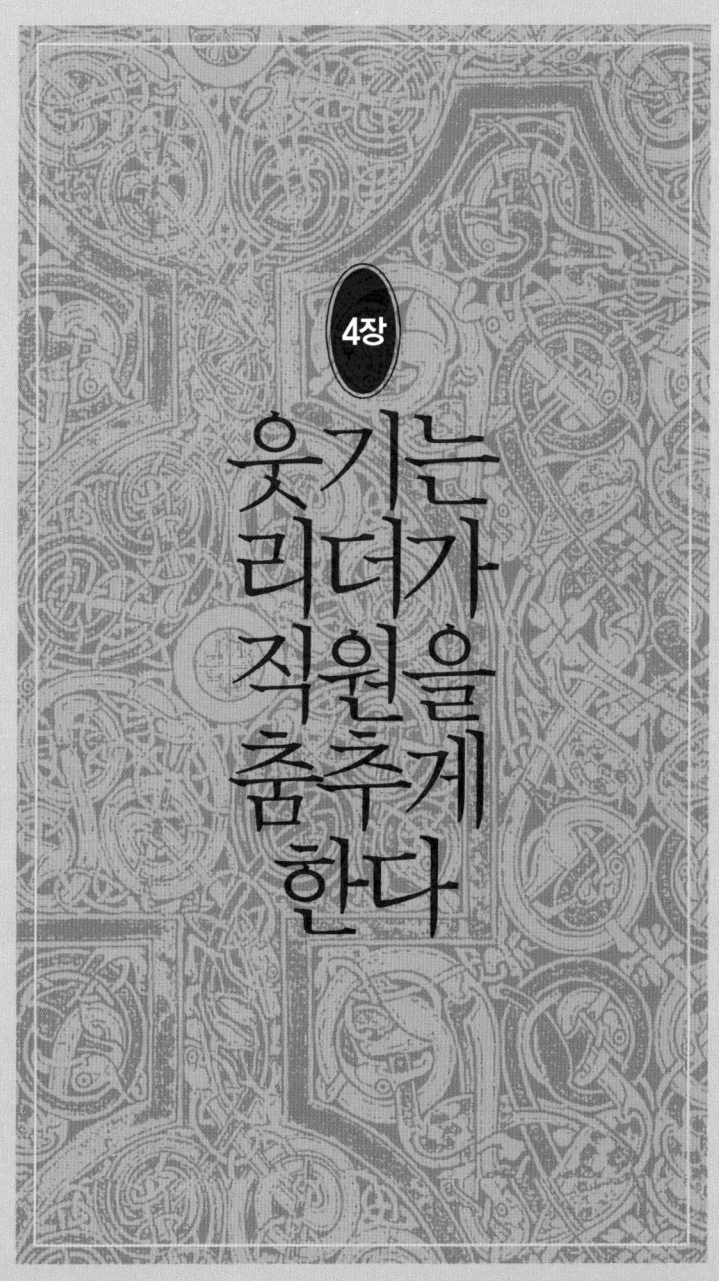

4장

웃기는
리더가
직원을
춤추게
한다

이 사람은 22세 때 사업에 실패했다.

23세에는 주 의회 의원 선거에서 낙선했으며

24세에 또다시 사업에 실패했다.

25세에는 주 의회 의원에 당선되어 잠시 기쁨을 누렸으나

26세에는 사랑하는 여인을 잃고 낙심하여

27세에는 신경쇠약과 정신분열증으로 고생했다.

29세에는 하원 의원 선거에서 낙선했으며

31세에는 선거인단 선거에 출마했다가 낙선했고

34세에는 하원 의원 선거에서도 낙선했다.

37세에 다시 도전하여 하원 의원에 당선되었지만

39세에 하원 의원 선거에서 다시 낙선했다.

46세에 상원 의원 선거에 출마했으나 낙선했고

47세에 도전한 부통령 선거에서도 낙선의 아픔을 맛보아야 했다.

49세에는 상원 의원 선거에서 또다시 낙선했다.

그리고 드디어 51세에 미합중국의 대통령이 되었다.

그의 이름은 링컨이다.

CEO여 제발 좀 웃겨라

그대가 웃으면 세상 사람들이 그대와 함께 웃는다.
그러나 울면 그대만이 혼자 운다.

— 엘라 휠러 윌콕스

치매증세가 있는 할머니가 택시를 탔다.

"대치동 갑시다."

한참을 달리는데 갑자기 할머니가 다시 물었다.

"기사님, 내가 어디가자고 했죠?"

그러자 택시기사는 깜짝 놀라며 이렇게 말했다.

"당신, 언제 내 택시 탔어?"

바쁘게 살다 보면 내가 어디 있는지 조차 잊고 살 때가 있다. 그러
니 어디로 가고 있는지 어떻게 알겠는가. 어떤 치매 환자가 병원에

진찰을 받으러 갔다.

"선생님, 깜박 잊는 건 일상이고 정신도 아물거려요. 혹시 치매 아닌가요?"

의사는 환자를 유심히 살펴보더니 물었다.

"언제부터 그랬습니까?"

그러자 환자는 이렇게 되물었다.

"뭐가 언제부터 그랬다는 겁니까?"

365일 매일 36.5도 건강상태를 유비하는 비결은 무엇일까? 웃는 것이다. 100세 이상 살고 있는 노인들의 공통점은 소식과 유머라는 것은 이미 잘 알려진 사실이다.

一笑一少 一怒一老 일소일소 일로일로!

서양에서는 웃음을 뇌에서 뀌는 방귀라고 한다. 아무리 좋은 음식을 먹어도 방귀를 뀌지 못하면 얼굴이 노랗게 변해가듯이 어느 지위에 있든 무엇을 가졌든 웃음이 없는 사람은 뇌에 스트레스 덩어리를 안고 사는 것이다.

리더로서 당신은 어떤 삶을 살고 있는가. 당신이 일만 알고 감성을 나눌 수 없다면 위에서 말한 택시기사처럼 직원을 대할 수도 있다. 또 CEO가 치매에 걸리면 이 얼마나 위험한 일인가. 조직 내에 스트레스를 몰아내고 직원들이 웃으면서 방귀를 트고 신나는 일터를 만들어보자. 어렵게 생각하지 말고 다음의 사항을 보고 우리 회사에도 적용해보자.

Worktainment을 즐겨라

감성 시대의 핵심역량은 일만 잘하는 기술이 아니다. 일벌레가 존경받는 시대는 지나고 있다. 그래서 이제는 일^{Work}도 잘하고 즐길 줄^{Entertainment} 아는 사람이 인기도 있고 리더십을 잘 발휘할 수 있다. 'Worktainment$^{Work+Entertainment}$'는 이처럼 일과 놀이를 잘할 수 있는 창조경영의 요소를 말한다. 특히 신세대들은 똑똑하지만 재미없으면 참지 못하는 성향을 가지고 있다. 따라서 유능한 리더는 이들이 즐기면서 일할 수 있는 기업 문화를 만들어가는 데 초점을 맞춰야 한다. 과거의 자신이 일하던 방식이나 선배들한테 물려받은 기업 문화를 가지고 이들을 리드해 나가려 한다면 곧 그들은 떠나고 말 것이다.

Vacation을 만들어라

일을 놀이처럼 할 수 있는 방법은 없을까. 어리석은 질문 같지만 지금 잘나가는 기업들은 모두 재미있게 일하는 방법을 배우기 위해 바쁘다. 마크 트웨인은 이렇게 말했다. "일^{Vocation}을 놀이처럼 즐겨라^{Vacation}." 그러면 Vocation을 Vacation으로 만드는 비결은 무엇인가. 하나만 바꾸면 된다. 'o'를 'a'로 바꾸듯이 말이다. 내가 컨설팅하는 모 기업에서는 펀 경영을 하기로 마음먹고 대대적인 조직 문화 변화를 추구했다. 그런데 시간이 지나면서 갑작스런 변화에 지쳐 그만 중도에 포기하고 말았다. 계획은 거창했으나 용두사미가 되고 만 꼴이다. 그 회사를 컨설팅하면서 이렇게 주문했다. "한 가지만 바꾸면 됩니다. 그럼 나머지는 그것으로 인하여 저절로 변하게 됩니다." 일터를 바꾸는 것은 시스템을 바꾸는 것이 아니라 문화를 바꾸는 것이다. 당신이 CEO라면 기성세대들이 아니라 신세대들의 감각에 맞는 조직 문화를 만들어가는 데 주력하라. 그러기 위해서는 무엇부터 바꾸어야 할지 그 한 가지를 먼저 찾아야 한다.

가사불이 리더십을 가져라

애완견을 데리고 출근하는 회사. 현실적으로 가능한 일인가? 그러나 구글과 같은 초일류 기업에서는 이것이 당연한 현실이다. 구글에서는 심지어 애완견을 보호해 주는 전문가를 채용해 자식처럼 돌봐주고 있다. 그러니 자녀를 데리고 출근하는 것은 더 이상 뉴스거리가 아니다. 최근에 국내의 모 기업에서 직장 내 어린이를 위한 공부방을 개설한 것을 두고 앞다투어 보도한 적이 있다. 이것은 가정과 직장은 하나라는 가사불이家社不二 경영이다. 많은 기업들이 도입하고 있는 가정친화경영인 셈이다. 회사에 가족을 초청하여 남편의 깜짝 생일 파티를 열어준다거나 가족의 날을 만들어 음악회를 열어주는 것, 구내식당에서 시장을 보고 갈 수 있도록 찬거리를 구비해 놓는 것 등이 일상화되고 있다. 단지 먹고살기 위해 출근하는 회사가 아니라 행복을 찾기 위해 출근하는 회사가 되는 비결, 이것이 바로 '가사불이 리더십'이다.

GWP운동을 펼쳐라

훌륭한 일터GWP, Great Work Place를 만드는 것은 리더의 의무다. 리더
란 일하는 사람이 아니라 일할 수 있는 문화와 분위기를 만드는 사
람이다. 잭 웰치의 말을 빌리자면 "리더란 자신을 위해서 일하는 사
람이 아니라 구성원의 성공을 위해서 일하는 사람이다."

무엇보다 자부심을 갖고 비전을 나눌 수 있는 일터를 만들어 나가
야 한다. 일만 하는 조직이 아니라 웃음과 재미가 넘치는 조직 문화
를 만들어가야 한다. 좌뇌 중심의 원칙과 매뉴얼이 아니라 감성과 여
유, 유연함이 넘치는 우뇌 중심의 조직으로 만들어가야 한다. 일과
삶의 균형을 유지하여 행복을 느낄 수 있는 일터가 훌륭한 일터다.
궁극적으로 일하는 목적은 자아실현과 행복을 추구하는 데 있다. 일
과 삶의 균형이 깨지면 그저 목구멍에 풀칠하기 위해 생계를 유지하
기 위해 일하는 조직으로 전락하고 만다.

심리학자이자 행복 연구가인 에드 디너는 일하는 방식이 다음과
같이 세 가지가 있다고 말한다. 생업을 위해서 일하는 사람은 주어
진 일만 하며 돈을 버는 것이 목적이기 때문에 재미없이 그저 살기
위해 일만 한다는 것이다. 또 출세를 위해서 일하는 사람은 승진이
나 더 좋은 일터를 찾기 위한 경력을 쌓기 위해 일을 한다. 하지만 에
드 디너는 소명을 가지고 일할 수 있어야 한다고 말한다. 이들은 일
자체를 즐기며 자신이 하는 일이 회사에 크게 기여하고 있다고 믿기

때문에 만족감도 높고 자발적으로 참여한다는 것이다. GWP란 이처럼 자발적으로 일하고 회사를 자기 것처럼 받아들이며 소명을 가지고 일할 수 있는 분위기를 만들어가는 것이다.

놀이경영학을 도입하라

잘 노는 사람이 일도 잘한다는 말은 일부에 한정된 말이 아니다. 실제로 잘 노는 사람이 일도 잘하지만 아이디어도 많고 창의적이다. 게다가 붙임성이 좋으며 대인관계도 뛰어난 것으로 나타나고 있다. 이는 CEO를 대상으로 한 조사에서도 나타나고 있다.

몇해 전 삼성경제연구소에서 'SERI CEO' 회원을 상대로 설문한 결과, 응답자의 81.1퍼센트가 '인재를 채용할 때 잘 노는 사람을 선호한다'고 답변했다. 이 가운데 11.8퍼센트는 '매우 그렇다'고 밝혔다. 실제 경영 업무에서도 '잘 노는 것'이 도움이 된다는 응답이 95.2퍼센트로 절대적으로 많았다. 놀이의 장점으로는 47.2퍼센트가 '다양하고 색다른 경험으로 창의성이 자라기 때문'이라고 설명했고 '놀이하듯 즐길 때 아이디어가 샘 솟는다'10.3퍼센트와 '놀이를 통해 발상의 전환이 이뤄진다'6.5퍼센트는 답변도 적지 않았다. 놀이가 참신한 아이디어에 도움이 된다는 것이다. 27.8퍼센트는 스트레스를 해소하고 삶의 활력을 준다는 점을 장점으로 꼽았다. 응답자인 CEO들은 '본인 스스로 잘 노는 사람이라고 생각하느냐'는 질문에는 '그렇다' 48.7퍼센트와 '그렇지 않다'43.2퍼센트는 답변이 엇갈렸다. 21세기는 통섭이니 융합이니 하는 시대다. 이런 시대의 바람직한 인재는 일만 잘하고 머리가 뛰어나며 일류대 나온 사람들이 아니라 조직 문화를 받아들이며 재미있게 일할 수 있는 사람들이다. 이제는 놀이가 단지 놀고 끝나는 소비 과정이 아니라 적극적인 활동하며 그 안에서 창의력이 솟아나는 열정이다. 아이는 놀 때 몰입한다. 어른들도 놀이를 통하여 몰입하며 자신만이 갖고 있는 창의적인 과정을 체험하게 된다. 직원들을 놀게 하라. 놀아야 성과도 올라간다.

HUMOR 시스템을 구축하라

유머는 단순히 웃고 즐기는 차원이 아니라 리더십이며 경쟁력이다. 유머는 대인관계를 부드럽게 만들어주며 소통을 원활하게 해주는 에너지다. CEO들이 유머를 배워야 하는 이유는 여기에 있다.

○ Hi-five팀을 만들어 준다.

유머는 팀워크를 촉진하며 신나는 사기를 충전시켜 준다. 유머 회의를 한다거나 CEO가 방송을 통해서 혹은 사보를 통해서 직원들에게 유머를 전달하는 것만으로도 조직의 기가 살아난다.

○ Unique한 기업 문화를 만들어준다.

일만 잘하는 것으로는 부족하다. 이제는 재미와 행복이 경쟁력이기 때문이다. 서열 중심의 기업 문화, 실수를 용납하지 않는 기업 문화만으로는 글로벌 시대, 감성이 요구되는 시대에 살아남을 수 없다. 사우스웨스트 항공사는 "직원을 채용한다고 하지

않고 입양한다"고 말한다. 그만큼 직원 중심의 문화를 만들어나
가는 데 주력한다.

○ Moral이 넘치는 직원을 만들어준다.

함께 어울려 웃으면 혼자 웃을 때보다 그 효과가 크다는 것이 유
머경영 전문가들의 진단이다. 일시적인 웃음을 나누고 하하호호
하자는 것이 아니라 지속적으로 웃을 수 있는 시스템을 구축해
나가야 한다.

○ Open된 기업 문화를 만들어준다.

권위적인 리더일수록 전통과 서열을 중시한다. 게다가 이들은
개방적인 조직 문화를 꺼려한다. 자신의 통제력이 줄어들까봐
걱정하기 때문이다. 그러나 당신이 자신감이 넘치는 리더라면
문을 활짝 열어라. 기업이 문을 열면 나가는 것보다는 들어오는
것이 많다는 것을 기억하라. "A급 리더는 A급을 고용하고 B급
리더는 C급을 고용한다"라는 말이 있다. 이는 결국 A급은 A급
문화를 선호하고 B급은 C급 문화를 선호한다는 말과 통한다. 두
려움이 없고 열정이 넘치는 리더일수록 열린 기업 문화를 갖는
다. 그것이 의사소통을 자유롭게 하며 열정이 넘치는 조직을 만
들어 충성심을 끌어낼 수 있다고 믿기 때문이다. 직원들에게 웃
음 넘치는 일터를 만들기 위해서는 먼저 열린 문화를 가져야 한
다. 그래야 직원들이 개방적인 의사결정 구조를 갖게 되고 여기

에서 신뢰할 수 있는 기업 문화로 이어진다. 열린 문화 속에서 서열을 뛰어넘는 커뮤니케이션이 가능하기 때문이다.

○ Relaxation한 일터를 만들어준다.

'리더Leader'는 '리더Reader'가 되어야 한다. 앞서가는 사람, 누군가를 이끌고 가는 사람, 비전을 제시하는 사람, 각기 다른 의견을 조율하고 통합하는 사람이 되려면 당연히 독서가가 되어야 한다.

책을 비롯한 신문과 관련 분야의 잡지 등을 다독하고 다상량해야 한다. 그 안에 길이 있고 정보가 있다. 더욱이 사람을 상대하여 안심을 시키고 믿음을 주기 위해서는 책을 통한 아이디어가 절실하다. 유머의 소재 역시 책에서 빌려오는 경우가 많기 때문에 읽을거리를 많이 접한다는 것은 그만큼 참신한 아이디어가 많아진다는 것을 의미한다.

유머펀치를 날려라

유머는 소통의 문제를 해결하는 윤활유 역할을 한다. 조직 내에 보이지 않는 벽이 많으면 직원들이 갖고 있는 능력을 발휘하지 못하게 만든다. 이런 벽을 허물고 자유롭게 소통하도록 만드는 것이 리더의 유머 감각이다. CEO를 대상으로 강의하다 보면 이런 질문을 받는다.

○ 사장이 웃기면 권위가 떨어지는 것 아닌가.
○ 일터는 진지해야 하는 것 아닌가.

○ 사장이 웃기면 직원들로부터 존경심이 사라지는 것 아닌가.

○ 사장과 직원은 어느 정도 엄격히 구분되어야 하는 것 아닌가.

○ 잘하는 것보다는 못하는 것이 눈에 띄는 것이 사장의 시각이 아닌가.

○ 상하 구분 없는 수평적인 조직 문화는 불가능한 것 아닌가.

이러한 CEO들의 질문들은 기우에 지나지 않는다. 리더는 엄숙해야 하고 진지해야 하며 무게 잡아야 한다는 통념에 사로잡혀 있기 때문이다. 하물며 사장이 웃기면 웃음으로 나타나는 더 많은 성과가 있지 않겠는가. 그러므로 CEO는 이런 경우에 유머 펀치를 날려 신나는 조직 문화를 만들어가야 한다.

○ 회의할 때는 반드시 유머로 시작하라.

○ 칭찬도 반드시 유머로 하라.

○ 특히 꾸짖을 일이 있을 때는 유머를 통하여 의미를 전달하라.

○ 거래처 고객을 만날 때는 반드시 유머를 가지고 가라.

○ 신규직원을 채용할 때는 반드시 유머 감각을 테스트하라.

○ 고객 서비스 하나에도 유머를 담아라.

○ 직원들의 인사를 받을 때도 유머 있게 반응하라.

행복한 직원이 행복한 기업을 만든다

웃는 얼굴은 상대의 마음을 열게 하고
굳은 얼굴은 상대의 마음을 닫게 한다.

— 다니엘 맥닐

"노처녀가 가장 싫어하는 인사말은?"
"아줌마 꼭 처녀같아요!"

경영의 키워드가 바뀌고 있다. 시장 환경의 변화와 글로벌화 추세
로 인해 품질이나 인화 단결만을 강조하는 것으로는 한계가 있다. 고
객 만족을 실현하고 차별화된 기업 문화를 선보이려는 노력의 일환
으로, 일부 대기업에서는 재미와 일을 결합시키고자 하는 유머경영
을 새로운 트렌드로 받아들이고 있다. 이미 선진 유럽 국가의 몇몇
기업에서는 유머경영을 통한 비용 절감과 생산성 증대, 고객 만족도

의 증대를 이루었다.

유머경영의 핵심은 직원들이 즐겁게 일하고 기와 끼를 마음껏 발휘하여 업무의 질을 향상시킴으로써 자유로운 기업 문화를 만들어가는 데 있다. 그러나 바람직한 경영 문화를 구축하려면 일과 재미, 유머와 성과를 어떻게 조화시키고 어떤 비전을 제시할 것인가가 관건이다.

혁신적 기업 문화를 도입하고 유머경영을 실현해 기업, 직원, 고객 모두가 행복해지기 위해서는 다음과 같은 6단계를 거쳐야 한다.

CEO부터 유머를 구사하라

최고 경영자의 유머 한마디는 크나큰 영향력을 지닌다. 직원들에게 신뢰를 주거나 비전을 심어주는 데 더할 나위 없는 영양제와 같다. 말하자면 직원들로 하여금 자신이 몸담고 있는 조직에 대하여 개방적이고 자유로운 느낌을 갖게 하며 오래 근무하고자 하는 동기를 부여한다. 사장이 캐주얼한 분위기의 옷차림을 보여주는 것만으로도 직원들은 보이지 않는 활력을 얻는다.

언젠가 TV 드라마를 보니, 사장이 출근하면서 경비 근무자에게 인사하는 장면이 있었다. 사장과 경비는 농담 몇 마디를 나누면서 회사 생활에 어려움은 없는지를 물었다. 단 1분 정도지만 사장이 보여준 격식 없는 행동은 경비 근무자를 변화시켰다. 그는 퇴근한 뒤 그날 있었던 일을 가족들에게 자랑스럽게 들려주고 다음 날 평소보다 1시간 일찍 출근했다.

직원들에게 동기를 심어주는 것은 물질적인 배려만은 아님을 잘 보여주는 사례다. 이처럼 사장의 격의 없는 태도는 직원들에게 충성심을 불러일으키며 신뢰의 분위기를 만들어준다. 대통령의 유머가 국민에게 희망을 주고 믿음을 주듯이 사장의 유머는 직원과 그 가족 그리고 고객에게 만족감과 즐거움을 부여하는 단초가 된다.

o 유머 비서관을 둔다.

o 엉뚱한 옷차림으로 나타난다.

o 직원들의 모임에 자주 참석한다.

o 사장의 유머가 사내에 방송되게 한다.

o 회의나 연설에 반드시 유머를 활용한다.

o 유머 수첩을 관리한다.

o 유머 있는 직원에게 가끔 인센티브를 준다.

o 넥타이를 고르듯 유머를 골라 쓴다.

유머 문화를 가꾸어라

유머 기업이 되기 위해서는 무엇보다도 유머 문화가 정착되어야 한다. 그러한 자유로운 분위기가 조성되지 않으면 유머경영은 불가능하다. 아무리 직원들의 유머 감각이 뛰어나다 해도 자유롭게 표현할 수 있는 문화가 뒷받침되지 않으면 유머 기업이라고 볼 수 없다. 유머경영은 고객 지향적인 사고를 갖고 사장부터 말단 직원에 이르기까지 유머 문화가 몸에 배어야 가능하다. 이때 웃음만을 위한 웃음은 별 성과를 낼 수 없을 뿐만 아니라 업무 분위기를 해칠 수도 있다. 진정한 유머 문화는 칭찬과 감사 그리고 서로를 아끼는 동료애를 바탕으로 이루어져야 한다.

21세기 경영은 사회적 평판이 중요하다. 평판은 보이지 않는 세일즈맨이며, 광고 아닌 광고다. 어느 레스토랑에 손님이 많다는 것은 그 레스토랑의 서비스 문화가 뛰어나다는 것을 의미한다. 그 서비스에 만족한 고객은 입소문을 내어 홍보를 해준다.

이처럼 입에서 입으로 퍼져나가는 구전 효과는 기업을 죽일 수도 있고 살릴 수도 있다. 좋은 문화는 직원의 입에서 나오는 것이 아니라 그 기업의 분위기, 근무 여건, 교육, 경영자의 유머에 대한 태도 등 전반적인 문화에서 나오기 때문이다. 유머를 실천하는 것은 유머 문화를 실현하는 것이며, 유머 문화의 실현은 곧 고객의 삶의 질을 향상시키는 고차원의 마케팅 전략이다.

이 같은 유머 문화의 실현은 톱 매니지먼트에서부터 주차 관리하는 말단 직원에 이르기까지 일치된 고객 지향적인 유머 정신에서 비롯된다. 유머경영은 궁극적으로 고객을 만족시키고 기업의 이윤을 추구하는 현대 경영의 핵심이라고 말할 수 있다.

○ 칭찬 문화가 성숙한가.

○ 동료애가 뛰어난가.

○ 유머 있는 직원이 인기를 끌고 있는가.

○ 개방적인 조직인가.

○ 직원들에게 믿음을 주는 기업인가.

○ 기업 이미지가 긍정적인가.

○ 유머 풍토가 조성되어 있는가.

유머경영 시스템을 구축하라

유머경영의 성패는 시스템을 구축하고 있는가의 여부에 달려 있다. 유머경영이란 놀이 문화를 의미하는 것이 아니라 재미를 통한 성과 창출이기에, 그에 맞는 시스템을 유지할 수 있을 때 성공을 거둘 수 있다. 직원을 즐겁게 하고 고객을 행복하게 하는 펀Fun 요인은 즉흥적인 위트나 일시적인 웃음으로 해결될 문제가 아니라, 제도적으로 뿌리내리고 하나의 시스템으로 정착될 수 있을 때 가능하다. 그렇다면 유머경영은 직원 개개인의 입에서가 아니라 시스템에서 구축되는 것이라 할 수 있다.

직원부터 웃겨라

유머경영의 최종 목적은 직원을 즐겁게 하는 것이 아니라 고객을 만족시키고 부가가치를 창출해 나가는 일이다. 그러나 고객을 즐겁게 하는 것은 바로 직원이다. 그래서 직원 만족 없이 고객 만족은 있을 수 없다. 행복한 직원이 행복한 기업을 만든다. 행복한 직원이 행복한 고객을 만든다.

따라서 유머경영을 실현하고 고객 만족을 실현하기 위해서는 이제 직원에 대한 개념부터 바꾸어야 한다. 일을 해준 대가로 월급을 받아가는 피고용인이라는 전근대적인 발상을 버려야 한다. 직원은 1차적으로 만족시켜야 할 대상이자 내부 고객이라는 발상의 전환을 가져야 한다. 내부 고객인 직원을 만족시키는 것은 유머경영의 핵심이며, 따라서 외부 고객 만족의 현장에서 일하는 내부 고객의 근무 여건이 제대로 조성되었는지 살펴보아야 한다.

이처럼 내부 고객인 직원 만족을 위한 정책, 즉 내부 마케팅Internal Marketing 시스템을 구축하는 것은 서비스와 유머의 질을 향상시켜 나가는 지름길이다. 따라서 그들의 근무 조건을 개선하고 효과적인 인센티브 제도를 도입하여 사기를 충전시키는 일이 중요하다. 진정으로 고객을 만족시키는 유머 서비스는 사장의 머리에서 나오는 것이 아니라 일선에서 근무하는 직원에게 달려 있다. 그렇다면 어떻게 해야 진정한 직원 만족이 이루어질까.

첫째, 원활한 커뮤니케이션 여건 조성이다.

직장에서 대화의 단절은 불신을 조장하고 불안감을 낳게 된다. 또한 원만한 인간관계를 어렵게 만들고 나아가 조직의 활성화를 방해한다. 따라서 동료 간, 상하 간의 따뜻하고 원만한 커뮤니케이션이야말로 고객에 대한 친절하고 성의 있는 커뮤니케이션을 가능하게 하고, 고객 만족 경영을 이끌게 된다.

둘째, 근무 여건 개선이다.

저절로 출근하고 싶은 마음이 우러날 수 있는 근무 여건을 조성해 나가는 것이 중요하다. 내 직장이 최고라는 자부심을 가질 수 있도록 각종 복지 제도나 직장에 대한 신뢰 관계 구축, 비전 제시를 통하여 직원 만족도를 향상시켜 나간다. 최고의 상품, 최상의 서비스, 일류 기업 이미지는 만족스러운 상태에서 근무하는 직원에 의해서만 가능한 일이다. 따라서 직원이 참여하지 않고 만족하지 않는 한 유머를 통한 고객 만족 경영은 실현할 수 없다.

셋째, 직원에 대한 권한 위임이다.

직원에게 권한을 위임하여 현장에서 책임 의식을 갖고 일을 처리해 나갈 수 있도록 여건을 조성해 나가야 한다. 권한 위임에 따른 기대 효과는 다음과 같이 나타날 수 있다.

○ 자신감을 갖고 일한다.

○ 현장에서 고객의 불만이나 요구 사항을 즉시 해결할 수 있다.

○ 헌신적으로 일한다.

○ 책임 의식을 갖고 일한다.

○ 열정적으로 고객 관리를 한다.

○ 창의성과 아이디어가 많다.

고객을 유머로 유인하라

유머경영의 전제는 고객 만족이다. 고객 만족으로 연결되지 않는 경영은 의미가 없다. 기업이 존재하는 궁극적인 이유는 고객 만족을 통하여 부가가치를 얻는 데 있기 때문이다. 그러므로 아무리 훌륭한 경영 기법이라 해도 고객 만족을 이루어내지 못하면 미래를 보장할 수 없다.

경영 컨설턴트 폴 레베스크는 고객이 감탄하여 '와우Wow' 하고 소리를 칠 수 있도록 서비스를 제공하라고 한다. 감탄 요인Wow Factor을 계속 유지하기 위해서는 감탄을 창조하는 공장인 감탄 공장Wow Factory을 가동시켜야 한다. 주목할 점은 이 감탄 공장을 만드는 데 특별한 노력이 필요하지 않다는 것이다. 고객이 만족해하는 상태에서 사소한 몇 가지만 신경 쓰면 된다. 만족을 기쁨이나 감동으로 전환시키는 일은 아주 작은 노력으로도 충분하다고 그는 강조한다.

한 조사 자료에 의하면 불만을 느낀 고객 중 약 4퍼센트만이 그 불만을 토로한다고 한다. 문제는 가슴속에 불만족스러운 대접을 받았으면서도 말없이 떠나는 96퍼센트의 고객이다. 불만족스러운, 그러나 말이 없는 96퍼센트 고객의 마음을 읽어내는 것이 서비스의 지름길이며 고객 만족의 출발점이다.

고객을 만족시키기 위해서는 현대 정보화 사회의 소비 개념과 소비자 트렌드에 맞게 고객 관리가 이루어져야 한다. 이것이 유머경영의 출발점이기도 하다. 이제 고객은 산업사회에서처럼 이성적 소비 태도를 취하는 것이 아니라 컴퓨터와 영상 미디어가 지배하는 정보화 사회의 주역으로서 감성적인 소비 행태를 취하게 된다. 한마디로 이성적 호소보다는 감탄과 탄성을 자아낼 수 있는 감성적 호소가 더 효과적이라는 말이다.

고객은 이미 100인 1색에서 100인 100색으로, 또는 1인 100색의 감각으로 취향이 다양해졌다. 이렇게 고객의 욕구가 빠르게 변한다는 점이 고객 관리의 어려운 점이다. 따라서 이제는 판매 현장에서 고객의 얼굴만 보고 판단할 것이 아니라 일상생활의 사소한 부분이나 섬세한 심리까지 헤아려 다양한 정보를 찾아야 한다.

상품의 품질이나 기능으로만 승부하는 시대는 지났다. 고객이 상품을 구매하는 모든 과정에서 행복감을 느낄 수 있는 차별화 전략이 필요하다. 유머경영의 핵심은 고객을 행복하게 할 수 있는 시스템을 갖추는 것이다.

개방적인 유머 조직을 구축하라

유머경영은 전통적인 피라미드 구조의 상의하달식 조직에서는 힘을 발휘할 수 없다. 유머경영을 정착시키기 위해서는 기존의 조직을 직원 중심, 고객 중심으로 바꾸어 나가야 한다. 서열에 따라 의사 결정이 이루어지는 전통적인 조직 문화는 다양성의 시대에 맞는 창의성을 저해할 뿐이다. 엄숙주의를 타파하고 개개인이 갖고 있는 끼와 능력을 발휘하게 하며, 재미와 일이 공존하는 조직 문화를 구축하기 위해서는 먼저 경직된 조직 문화를 벗겨내야 한다.

유머 바이러스를 퍼뜨려라

웃음은 의사들에게 지불해야 할 돈을 줄이는 것이기 때문에
우리의 호주머니에 있는 돈과 같다.

— 마크 트웨인

"영웅호걸이 여자를 좋아하는 이유는?"

"好Girl 이니까."

조직에게 이익을 안겨주고 성과를 창출해 낸다는 것은 조직 구성
원 개개인이 갖고 있는 끼와 재능을 살리는 것이라고 할 수 있다. 그
리고 이러한 잠재 능력이 발휘되려면 제도적인 시스템을 확보하는
일이 우선되어야 하며, 그런 토대에서 유머 조직으로 거듭날 수 있다.

유머 조직으로 거듭나기 위해서는 무엇보다도 유머 바이러스를
공유해야 하며, 또한 조직 곳곳에 유머 바이러스가 흐를 수 있는 통

로를 제도적으로 마련할 필요가 있다.

이때 중요한 것은 최고경영자부터 달라져야 한다는 것이다. 아무리 재치와 유머 감각이 뛰어난 직원을 거느리고 있다 하더라도 최고경영자가 유머경영의 개념을 갖고 있지 못하면 그 기업은 절대로 변할 수 없다.

이러한 유머 제도를 정착시키려면 다음의 몇 가지 방법에 유의해야 한다.

첫째, 유머 게시판을 운영한다.

유머 게시판을 운영하면 오고가는 직원뿐 아니라 외부 방문객에게도 즐거움을 줄 수 있다. 또 이를 매장에 활용하면 고객에게는 여유와 기쁨을 주는 선물이 될 것이다. 바쁜 틈에도 잠시 웃음으로 쉬어가게 함으로써 유머 조직의 효과를 체험할 수 있다.

어느 기업의 유머 게시판에 다음과 같은 글이 붙어 있었다.

"금주 중으로 전 직원에게 성과급 300퍼센트를 지급합니다. 그동안의 노고에 감사드립니다. 오늘은 신나는 날입니다."

직원들은 이게 웬 떡이냐 싶어 잔뜩 들떠 있었다. 그런데 오후에는 다음 문구로 대치되었다.

"연말에 나가야 할 문구가 미리 게시되었습니다. 잠시 들뜬 직원 여러분의 열기로 우리 회사는 오늘 난방 시설을 가동할 필요가 없었습니다."

유머 게시판은 좋은 아이디어나 참신한 유머를 게시하여 직원 모두가 공유할 수 있다는 장점이 있다.

둘째, 유머 콘테스트를 개최한다.

정기적으로 부서별로 혹은 회사 차원에서 유머 콘테스트를 개최하여 유머의 힘을 느끼고 공동체의 단합된 힘을 체험할 수 있다. 또한 '유머왕'을 선발하면 조직의 사기 진작에 활용할 수 있다.

어느 직장의 유머 콘테스트에 이런 것이 발표되었다.

"식인종이 같은 식인종을 잡아먹는다면 그 이유는?"

"식량 기근으로 배고파서."

"천재지변에서 살아남기 위하여."

"변태라서."

"장님이라서."

"종교적인 의식 행사로."

정답은, '신토불이라서'였다.

좀 엉뚱한 발상이 웃음을 자아내는 경우가 있다. 다음의 경우를 들어보자.

"이혼의 근본적인 원인은 무엇일까요?"

"성격 때문에."

"경제적인 문제로."

"고부 갈등 때문에."

"상대방의 부정으로."

"알코올 중독으로."

정답은, '결혼했기 때문'이다.

셋째, 유머를 공유한다.

유머는 일종의 지식과 같은 것이다. 나 혼자 갖고 있으면 나만 웃지만 동료와 적극적으로 나누고 공유하면 웃음의 효과는 무한으로 복제된다. 또한 조직의 사기와 업무 성과에도 영향을 미치게 된다. 작은 웃음일지라도 나누면 전염되어 모두를 즐겁게 하는 결과를 불러올 것이다. 또한 일상생활에서의 매너리즘을 일깨우기도 한다.

유머가 흐르는 조직은 상호 간의 신뢰도 높고 일에 대한 신념이 강하며 충성도가 상대적으로 높다는 것이 유머경영 전문가들의 일치된 견해다. 원가 관리나 현장의 생산 관리 시스템에 유머를 접목시켜 보라. 엔돌핀이 생성될 것이다. 그 직원들의 열정과 업무 성취도는 타 부서 직원에 비하여 상대적으로 높다는 사실도 확인할 수 있을 것이다. 직원들의 사기를 북돋워주고 잠재 능력을 일깨우는 이런 방법이 있는데 어찌 마다하겠는가.

회사의 유머 지수를 측정하라

모든 인간의 가장 큰 욕구는 인정받는 것이다.

—괴테

"T로 시작해서 T로 끝나며 T로 가득찬 것은?"

"Teapot."

　직장의 유머 지수는 개인의 유머 지수를 반영한다. 유머 지수가 높은 기업은 그렇지 않은 기업에 비하여 직원들의 충성도가 높고 일에 대한 만족도가 높은 것으로 드러났다.

　이는 생산성의 향상과 비용의 절감뿐만 아니라 고객 만족을 통한 기업의 이미지 창출에도 크게 기여한다. 유머 지수는 유머를 존중하는 풍토, 유머를 사랑하는 일꾼, 유머를 조직 문화로 이끄는 리더 등의 요소들로 인해 높아진다.

유머 기업으로 유명한 사우스웨스트 항공사는 최고경영자에서부터 말단 직원까지 유머 감각을 업무 능력으로 인식하고 있다. 또한 입사 조건에 유머 능력을 포함하는 등 조직 차원에서 유머 감각을 키워나가는 데 앞장서고 있다.

유머 감각을 향상시키는 사우스웨스트식 방법을 소개해 보면 다음과 같다.

첫째, 기발한 생각을 하라.

사우스웨스트 직원들은 기상천외한 발상에 익숙하다. 현상의 이면에 숨겨진 부분에 대한 상상, 또는 일반인의 상식을 뛰어넘는 새로운 아이디어를 중요하게 생각하기 때문이다. 미래에 앞서가는 조직은 이러한 사고방식의 전환이 자유로워야 한다.

둘째, 놀이 정신을 가져라.

일상의 근무 상황을 놀이처럼 대하라. 그러면 매일 습관처럼 하던 일도 재미있어질 뿐만 아니라 객관적인 시선을 갖게 되어 새로운 아이디어를 얻을 수도 있다. 우선 마음을 열어라. 그리고 일부러 황당한 모험을 할 필요는 없지만 일에 대한 선입견을 버리고 놀이 정신을 발휘하라. 당신은 창의적인 사람으로 거듭날 것이다.

셋째, 먼저 웃어라.

사우스웨스트에서는 일상적인 상황에서 우스꽝스러운 일이 자주 발생한다. 특별한 일이 자주 발생한다기보다는 유머 감각을 지닌 직원들이 항상 사소한 곳에서 웃음거리를 발견하는 것이다. 당신이 먼저 웃어라. 그리고 웃긴 이유를 알려주고 함께 웃어라. 이런 습관은 어색하고 난처한 상황에서도 당신을 구원해 줄 비장의 무기가 될 것이다.

넷째, 함께 웃어라.

사우스웨스트는 건전한 유머를 장려한다. 그러니까 여러 사람이 함께 웃을 수 있는 상황을 중심으로 한다. 어떤 사람이 웃음을 터뜨릴 준비가 되어 있지 않는 한 그를 향하여 웃음을 유발하는 일은 하지 않는 게 낫다. 함께 웃을 수 없다면 의도적인 조롱으로 오해를 살 수 있다. 웃음이란 함께하는 것이 중요하지, 웃음 그 자체가 중요한 것은 아니기 때문이다.

다섯째, 자기 자신을 향하여 웃어라.

허브 켈러허 회장은 자기 자신을 향하여 웃을 수 있는 사람이다. 자신을 조롱한다는 것이 아니라 자기를 객관적으로 받아들일 수 있는 자세를 가졌다는 의미다. 인생을 아는 자만이 자신을 향해 웃을 수 있다. 자기 연민이나 자기애에 빠진 자는 결코 자신에 대하여 편하게 웃을 수 없다.

여섯째, 일은 진지하게 생각하되 체면은 진지하게 생각하지 마라.

사우스웨스트 항공사의 좌우명 중 하나는 '당신 자신의 체면은 가볍게 생각하고 일과 그에 대한 책임은 진지하게 생각하라'다. 이것은 한마디로 최선을 다해 일을 하되 그때마다 자기의 모든 것을 걸듯이 할 필요는 없다는 뜻이다. 체면을 생각한다는 것은 그만큼 자기 인생을 걸었다는 뜻인데, 그런 부담을 가진 상태에서는 일을 망칠 뿐이다.

이제는 직원들의 유머 감각을 살릴 수 있는 제도적 장치를 마련하여 유머가 생산 요소가 되고 기업 경쟁력이 될 수 있도록 실천해야 한다. 유머는 단순히 웃고 떠들며 기분을 전환하는 정서적 요소가 아니라 조직의 문화를 대변하고 직원 만족 차원에서 관리되어야 할 경영 요소이기 때문이다.

유통업을 운영하는 한 사장은 한 가지 깨달은 사실이 있다. 자신이 기분 좋게 웃으며 직원들과 대화하고 나면 어딘지 모르게 사무실과 매장에 활기가 넘쳐난다는 것이다. 그는 한 발 더 나아가, 이러한 웃음 전략을 사업에 적극 활용하기로 마음먹었다. 직원들이 자기의 유머를 마음껏 과시할 수 있는 시간과 장소를 제공하기로 한 것이다.

"유머 문화가 뿌리내리기 위해서는 반드시 위에서부터 유머를 존중하고 직원들의 웃음이 곧 매출이라는 개념을 갖고 접근해야 합니다. 웃음은 그저 웃음일 뿐이라고 생각하면 더 이상 유머 기업으로 성장할 수가 없지요."

그래서 그는 회사 내에 휴식 공간을 마련하고 각종 유머가 담긴 잡지나 책을 비치해 두었다. 이곳에서 구성원들은 저절로 스트레스를 풀고 유머를 나누는 분위기를 형성해 나갔다. 그러다 보니 직원 간의 신뢰도 단단해지고 업무에 대한 교류도 활발해져, 결국은 기업 경영에 크게 이바지하게 되더라는 것이다.

또한 유머로 역할 연기를 하는가 하면 고객 관리에서도 유머 서비스를 통해 고객을 즐겁게 해준다고 한다. 이 회사는 매달 유머왕과 미소왕을 뽑아 사장이 직접 선물을 전달하는 적극성을 보이고 있다. 연말에는 그해의 유머왕을 뽑아 신나는 일터를 만든 공로로 표창장을 수여하고 보너스를 지급하기도 한다. 이 같은 제도적 뒷받침이 이루어지다 보니 5년 전과 비교할 때 상상할 수 없을 만큼 조직 문화가 변화되었다.

어느 회사의 화장실에 가보니 다음과 같은 문구가 쓰여 있었다.

"지금 당신이 앉아 힘쓰는 이 자리는 20년 전에 사장님이 앉아 고민하던 자리입니다. 오늘 당신은 사장이 되는 확실한 자리를 잡았습니다. 좀더 힘을 쓰세요."

직원 전용 엘리베이터에는 다음과 같은 문구가 쓰여 있었다.

"당신은 왜 멋진 모습을 감추려 듭니까? 웃어보세요. 그리고 자신을 들여다보세요. 지상에 이보다 더 아름다운 꽃을 본 적이 있습니까?"

이러한 글을 대하면 얼굴에 미소를 짓게 될 것이다. 우리는 웃는 제 모습을 까맣게 잊고 산다. 웃을 수 있는 동기를 찾아주고 자주 웃을 수 있는 습관을 들이는 것이 중요하다. 각자의 유머 지수를 높여 나가자. 이제는 업무를 지시할 때도, 결재를 받을 때도, 고객을 만날 때도 그 자체를 즐길 수 있는 방법을 찾아보자.

개인이 웃을 수 있어야 조직이 웃고, 조직이 웃을 수 있어야 그 조직과 구성원들이 원하는 목표를 이루어나갈 수 있다. 이제 당신이 몸 담고 있는 조직과 동료들의 유머 지수를 체크해 보라.

유머의 날을 선포하라

인류에게 한 가지 효과적인 무기가 있으니
그것은 유머다. 웃음은 빙산도 녹인다.

— 마크 트웨인

"마누라가 잔소리하면 젊을 때는 힘든 척, 나이 들면 아픈 척한다.
그럼 늙어서는 어떻게 할까?"

"죽은 척."

이제 유머는 단순히 개인 차원의 정서적인 가치가 아니라 상품의
질을 개선하고 고객 서비스의 질을 향상시키는 경영적인 가치 차원
에서 다루어져야 한다. 유머 지수가 높은 기업은 직원의 만족도가 높
고 직원의 만족도가 높은 기업은 고객 만족으로 이어져 결국은 기업
의 이윤 창출과 사회적 이미지 향상에도 기여한다. 선진국의 유명 기

업들은 자사의 유머 지수를 자산의 일부로 간주할 만큼 이에 대한 투자와 관심을 보이고 있다.

최근 내부 마케팅의 역할이 중요하게 대두된 이유는 직원의 만족도가 고객 만족도보다 우선한다는 경영 철학이 팽배해졌기 때문이다. 내부 고객이라 할 수 있는 직원의 만족은 단순히 임금 인상이나 승진과 같은 기존의 시스템만으로는 부족하다. 그들을 정서적으로 만족시키고, 계속 일하고 싶은 직장으로 여기게 하는 것이 필요하다. 이것이 사기를 진작시키고 동기를 부여하게 하는 직접적인 방법이 될 수도 있다.

유머 가치를 귀하게 여기는 외국의 일류 기업에서는 유머의 날을 선포하여 조직 차원에서 유머 지수를 점검하고 유머경영 세미나를 개최하기도 한다. 또한 개인별, 팀별로 유머 대회를 개최하여 유머를 공유하고 조직 문화를 개선해 나가는 데 앞장서고 있다.

어느 분야에서나 마찬가지겠지만 앞서 나가는 기업은 그보다 앞선 기업의 미래 지향적인 아이템을 영입하는 데 인색하지 않다. 유머 기업으로 거듭나기 위해서는 유머 선진 기업을 벤치마킹하고 그 사례를 익힐 필요가 있다.

강남에서 패밀리 레스토랑을 운영하는 허 사장은 매년 5월 마지막 토요일을 유머의 날로 정하고, 이 주간을 유머 주간으로 제정하고 있다. 이날은 부서별로 참신한 유머를 발표하고 각자가 갖고 있는 유머 테크닉을 발휘하여 유머 공감대를 형성하는 데 온 힘을 쏟고 있다.

그리고 가장 재미있으면서 품위 있는 유머를 선정하여 매스컴 홍보도 하고, 이를 고객 서비스에 활용하는 마케팅 전략을 쓰고 있다.

또한 분기별로 한 번씩 유머 강사를 초빙하여 유머와 업무 개선이라는 특강을 실시함으로써 직원들에게 정서적인 활력을 불어넣고 있다. 특이한 것은 고객 관리에 유머를 접목하여 가장 재미있는 서비스를 제공한 직원에게는 보너스 지급과 여행 티켓을 제공한다는 점이다.

유머와 경영에 대하여 허 사장은 이렇게 말한다.

"직원들이 많이 웃으면 조직의 엔돌핀이 상승합니다. 이는 직원들의 사기를 진작시키고 결국 직장 분위기 개선과 신뢰 있는 일터를 만들어나가는 데 크게 기여합니다. 외식업계의 문제 중 하나가 바로 직원들의 잦은 이직이었는데, 유머경영을 실시하고 난 뒤로 직장에 대한 불만 사항도 줄어들고 쉽게 떠나는 일도 줄고 있습니다. 이제 기업을 운영하는 사장들은 직원들의 웃음소리가 클수록 회사가 안정되게 성장하고 있다는 신호로 받아들일 줄 알아야 합니다. 직원들의 웃음을 이끌어내는 것이야말로 전략 중의 전략입니다."

허 사장은 유머경영을 도입하고 난 뒤로 무엇보다도 자신이 달라졌음을 고백한다. 사업이나 일상생활에 여유가 생겼다는 것이다.

"이제 직원들하고 대화하거나 토론할 때면 당연스레 한두 가지 유머를 챙기곤 합니다. 그러다 보니 마음이 젊어지고 스트레스도 훨씬 덜 받게 되었습니다. 개인적으로는 바로 이런 이득을 얻었습니다."

186

유머의 날을 선포하여 운영하고 있는 모 은행은 요즘 유머를 통한 커뮤니케이션이 활성화되면서 그 효과를 톡톡히 보고 있다. 조직의 벽을 허물고 기업 문화에 기여하는 바를 직접 실감하고 있기 때문이다. 이 은행의 모토는 '유머로 하나 되기, 유머로 업무 보기'다.

이 회사의 과장은 "유머는 서로 다른 의견과 주장을 하나로 묶는 데 촉매제 역할을 할 뿐 아니라 업무의 질을 향상시키는 데 약이 된다"고 말한다. 더욱이 낯선 사람과의 거리를 좁히고 다른 이념을 통일시키는 데도 가장 효과적인 방법이라는 것이다. 이러한 의미에서 볼 때 유머는 어떠한 단합 대회나 동호회보다도 직원들의 행복 지수를 높여주는 일등 공신이다.

이 은행은 평소 승진이나 인사 제도에서 성차별이 심하다는 여성들의 항의가 있었다. 그런데 유머 게시판을 통하여 이러한 주장을 유머 기법으로 제기하는 일들이 생겨났다. 이른바 군群 시리즈다.

○ 막걸리나 퍼마시고 시골티 나는 말투의 세련되지 못한 남자 상사는?
  -걸쭉하군

○ 여직원 앞에만 서면 치근대고 자기 자랑하기에 바쁜 남자는? -한심하군

○ 마음이 따뜻한 상사는? -포근하군

○ 틈만 나면 군것질하고 구내식당 아줌마와 아내처럼 잘 통하는 사람은? -배고프군

○ 평소 지키지 못할 호언장담으로 뒷수습하기에 바쁜 사람은? -실없군

○ 일주일간 똑같은 셔츠를 입고 출근하는 사람은? -옻거났군

○ 속을 드러내지 않아 음흉하다는 말을 듣는 사람은? -알수없군

○ 여자만 보면 사족을 못 쓰며 주위 시선에도 상관없이 작업 들어가는 사람은? -꼬시는군

○ 여자 친구 하나 없이 40세 되도록 독수공방하는 사람은? -외롭군

○ 초고속 승진으로 동료 직원들보다 연봉을 30퍼센트 더 받으며 시기와 부러움을 동시에 받는 사람은? -바쁘겠군

○ 먹을 때와 사장이 나타날 때는 제일 앞자리에 서면서 일할 때는 변명거리 늘어놓으며 빠져나가는 사람은? -잔머리군

○ 출장 다녀왔더니 자기 책상이 없어진 사람은? -황당하군

○ 공금횡령으로 대기발령 3개월째인 사람은? -들켰군

○ 회의 때마다 근거 없는 주장을 하면서 핏대 올리는 사람은? -티무니없군

○ 우리 회사 최고의 뚱땡이는? -어마어마하군

한 회사의 유머의 날에 벌어진 특별 행사 중, 게시판에 다음과 같은 알림이 붙었다.

"사원 여러분의 그동안 노고에 감사드립니다. 회사는 여러분의 땀과 피를 잊지 않습니다."

그리고 맨 아래 이렇게 써 있었다.

"전 직원에게 한 계급씩 승진의 영광을 드립니다. 단, 승진 시기는 여러분이 잘 아실 겁니다."

열심히 근무하다 보면 언젠가는 한 계급씩 승진할 테니 더욱 분발하라는 뜻을 이처럼 기분 좋게 표현한 것이다.

모 홈쇼핑 회사 사장은 직원들을 대상으로 공모전을 열었는데, 그 주제는 '유머 넘치는 거짓말'이었다. 당선자에게는 100만 원의 상금과 해외 여행 티켓이 주어졌다. 여기서 1등으로 당선된 거짓말은 다음과 같았다.

"우리 회사는 사장인 나의 것이 아닙니다. 언제나 여러분의 것입니다."

유머의 날을 선포하라. 그리고 유머를 공유하라. 그러면 생산성이 향상되고 직원들의 만족도가 높아진다.

왕배꼽 사장은 "유머경영의 궁극적인 목적은 고객 만족에 있고, 이를 위하여 내부 고객인 직원을 만족시키고 바람직한 기업 문화 창달에 관심을 기울이는 것"이라고 말한다.

"여러분은 언제나 월급을 주는 사람에게 최선을 다하고 웃음을 줄 수 있는 긍정적인 유머 일꾼이 되어야 합니다. 그렇다면 여러분에게 월급을 주는 사람은 누구라고 생각합니까?"

"사장님이라고 생각합니다."

"경리과의 미스 김이라고 생각합니다."

"마누라라고 생각합니다."

"왜죠?"

"은행에서 돈을 찾아주는 것은 언제나 마누라거든요."

"영업부의 김 대리는 누가 월급을 준다고 생각하세요?"

"저는 고객이라고 생각합니다. 이는 사장님에게도 마찬가지라고 봅니다."

"그래요. 나에게 월급을 주는 사람은 다름 아닌 고객이라고 나도 늘 생각하고 있습니다."

유머는 일부 직원들만의 웃음이 되어서는 안 된다. 조직 차원에서 관리될 수 있는 경영 과제가 되어야 한다. 오늘날 경영은 시장 점유율에 있는 것이 아니라 고객 점유율에 있다. 이는 곧 물건을 많이 파는 것이 중요한 것이 아니라 고객의 마음을 얼마나 차지하느냐가 관건이라는 뜻이다. 고객의 마음과 신뢰를 얻어 일회성 거래가 아닌 평생 고객 관계를 구축해 나가기 위해서는 고객에게 기쁨이라는 보이지 않는 무형의 가치를 누가 얼마나 많이 제공하느냐에 달려 있다. 최소한 1년에 한 번 정도는 유머의 날을 제정하여 조직 차원에서 유머를 점검하고 비전을 제시할 수 있는 공격적인 유머 전략이 필요하다.

다음은 유머경영을 도입하고자 하는 기업들이 점검해야 할 요소들이다.

○ 우리 기업은 엄숙함을 원하는가, 자유분방한 분위기를 권장하는가.
○ 우리 기업은 유머의 날을 제정하고 있는가.
○ 우리 기업은 유머가 기업 이미지에 영향을 미친다고 생각하는가.
○ 우리 기업은 유머를 권장하는 문화를 갖고 있는가.

○ 우리 기업의 최고경영자는 유머가 있는가.

○ 우리 기업은 고객 서비스에 유머 기법을 활용하고 있는가.

○ 우리 기업은 유머경영 담당자를 두고 있는가.

○ 우리 기업은 정례적으로 유머 교육이나 강의를 듣고 있는가.

펀 문화를 만들어라

유머는 매출을 올린다.
사람들은 재미있는 곳에서 일하고 싶어하기 때문에
유머는 이직률을 줄이기도 한다.

— 릭 태런

"골다공증이 여성에게 많은 이유는?"
"남자 갈비뼈 하나로 여성 전체를 만들었으니까."

이제 일과 즐거움은 하나다. 상반된 개념이 아니라 상호보완적인
것이다. 이 둘이 하나로 뭉칠 수 있을 때 역동적인 힘을 발휘하게
된다.

일을 즐기는 사람은 그렇지 않은 사람에 비해 창의성이 높고 적응
력이 뛰어나며 잠재 능력을 더 많이 발휘할 기회를 얻는다. 이런 사
람이 많은 조직일수록 화합이 잘되고 기업에 대한 신뢰감이 높으며

그 조직의 목표 달성을 쉽게 한다. 이를 위해서는 놀이터 같은 일터, 일터 같은 놀이터를 만들어나가는 펀 문화를 이뤄내야 한다.

어느 기업을 방문하여 화장실에 갔더니, 누구의 발상인지는 몰라도 웃음이 절로 나오게 하는 문구가 있었다.

"흘리지 마세요. 그것은 당신의 것이 너무 작다는 것을 세상에 알리는 것입니다. 자, 한 발 더 전진하세요."

펀 문화는 이렇게 화장실에서도 활용할 수 있는 넓은 범위를 가지고 있다.

일하기 좋은 100대 기업이 지닌 공통점은 '재미'라는 조사 결과가 〈포춘〉지에 발표된 적이 있다. 이것은 기업을 경영하는 사람이나 리더에게는 시사하는 바가 크다. 이제 재미는 한가롭게 즐기는 여유가 아니라 일과 함께 하나로 연결되는 경영 전략이다.

유머는 직장 문화를 바꾸기도 하고 이미지를 변화시키기도 하며 고객과의 끈끈한 관계를 구축하는 데도 기여한다. 그렇다면 어떻게 하면 유머 문화를 형성할 수 있을까?

여기에 대하여 릭 대런은 "우리가 하는 모든 일에는 유머가 있다. 우리는 그것을 찾아내기만 하면 된다"고 일러준다. 설탕 한 스푼이 쓴 약을 삼키게 한다는 말이 있다. 근무 현장에서 유머는 설탕과 같은 역할을 하고도 남는다.

이미 미국을 비롯한 유럽 선진국에서는 1990년대 초부터 '잘 놀아야 일도 잘한다. 재미가 없으면 생산성이 떨어진다. 재미를 팔아야 한다'는 슬로건을 내걸고 유머경영을 경영 전략 개념으로 삼아왔다. 그리고 직원들에게 유머 감각을 가질 것을 권장하고 직장 분위기를 재미있는 일터로 변화시켜 구성원 간의 화합과 참여 의식을 높이고 있다.

이에 따라 기업, 고객, 직원이 일과 재미와 신뢰를 바탕으로 하나가 되는 이념을 추구하고 있다. 재미라는 것을 단순한 놀이의 개념이나 흥미가 아닌 인생의 에너지로 바꿈으로써 직원들의 사기를 살리고 일할 맛 나는 직장을 만드는 데 주안점을 둔 것이다.

유머 전략을 활용하기로 유명한 사우스웨스트의 재미있는 문화 만들기 전략에는 다음과 같은 주제가 담겨 있다.

- 일을 대했을 때 어느 누구도 얼굴을 찌푸리지 않게 한다.
- 모든 직원이 함께 참여하도록 한다.
- 직원들이 직접 재미를 만들 수 있는 자유를 준다.
- 고객을 즐겁게 하는 일을 직원들의 업무로 권장한다.
- 항상 성공과 기념일을 축하한다.
- 유머경영이 뿌리내리고 신나는 조직 문화를 만들어나가기 위해서는 나부터 웃을 수 있는 여유와 웃음 사랑이 이루어져야 한다.
- 아침에는 무조건 소재를 찾아 웃어보자. 집에서든 직장에서든 웃음으로 생활을 시작하는 버릇을 가지면 활기찬 하루가 펼쳐

진다.

- 세수할 때나 양치질을 할 때 거울 속의 내 모습을 보고 웃어보아라. 천 가지 모습의 얼굴을 갖고 있음을 보고 놀랄 것이다. 눈에 힘을 줄 때, 입술에 힘을 줄 때, 미소를 지을 때, 이마를 찌푸릴 때 혹은 보는 각도에 따라 자기 모습이 참으로 다양하게 보인다는 것을 느끼게 될 것이다. 거울 속의 나는 세상의 나다. 내가 바라보는 대로 세상은 나를 바라본다.

- 낯선 사람에게 미소를 던져라. 아무 목적 없이 대상을 가리지 않고 미소로 인사를 하라. 그것은 행복을 나누어주는 일이다. 물론 함께 일하는 동료 직원에게도 미소로 인사하는 것을 잊어선 안 된다. 따뜻한 관심이 담긴 미소는 받는 사람이나 나누어주는 사람 모두에게 기쁜 일이다.

- 웃으며 출근하고 웃으며 퇴근하라. "사람은 누구나 아침에 집을 나설 때 행복을 찾아 나선다"고 스탕달은 말한 바 있다. 일의 성과가 아무리 뛰어나도 그 안에서 즐거움을 찾을 수 없다면 그는 일의 노예에 지나지 않는다. 나는 3년 전부터 그동안 찍었던 사진 중에서 가장 기분 좋게 웃는 사진을 골라 연구실 책상에 붙여놓았다. 매일 웃는 내 모습을 들여다보면 아무리 짜증이 나고 힘든 일이 닥쳐도 힘을 낼 수 있기 때문이다. 오늘부터 당장 당신과 가족들 혹은 함께 일하는 사람들의 웃는 사진을 책상머리에 붙여놓아라. 웃으며 일할 수 있는 여건을 만들어놓으면 힘이 들거나 화가 날 때 쓸모가 있을 것이다.

- 일을 할 때든 누구를 만날 때든 항상 상황에 맞는 유머를 준비하라. 사람들과 모임을 가질 때 나는 몇 가지 유머를 미리 준비한다. 이것은 내게 원칙과 같은 것이다. 처음에는 어색해도 웃음을 나누다 보면 거리감이 좁혀지면서 친화력이 생기기 때문이다. 이것이 유머가 발휘하는 놀라운 능력이다. 그것을 실험해 보고 싶다면 오늘부터 바로 실천하라. 결재를 받을 때 윗사람에게 재미있는 한 가지 유머를 들려주면, 당신에게서 비롯된 그 이야기는 윗사람을 거쳐 가족이나 주변 사람들에게 전파될 것이다. 당신은 유쾌한 기억 속에 자리 잡게 될 것이다. 집에 돌아올 때도 유머를 준비하라. 밖에서 있었던 사소한 일이라도 재미있게 이야기를 들려주면 가족에게 활력이 될 것이다.
- 매일 하루에 한 번 유머 사이트에 접속하라. 일에 지치고 스트레스에 억눌린 당신을 치유할 수 있는 천연 마약이 그곳에 있다. 나는 유머 사이트에 매일 세 번 이상 방문하여 다양한 유머를 접한다. 나 자신을 위한 웃음이기도 하지만 세련되고 품위 있는 유머를 계발하는 방편이 되기도 한다. 유머만큼 설득력 있는 도구를 나는 아직 보지 못했다.

신나는 직장 문화는 바로 나로부터 비롯된다는 것을 잊지 말아야 한다. 남들은 다 즐거운데 나만 즐겁지 않다면 무슨 소용이 있겠는가. 내가 즐겁고 신날 때 비로소 신나는 일터가 되는 것이다.

웃음은 당사자와 그가 속한 조직 전체에 활기를 불어넣어 준다. 이 활기찬 기가 발휘하는 효과는 아무도 예상할 수 없다. 원래 잘 정화된 기는 암 환자를 치유할 수 있을 만큼 강력한 에너지가 된다고 하지 않는가. 웃음으로써 활발한 기가 분출되면 그것이 모여 조직 전체를 살리는 기합이 되고, 그렇지 않으면 조직은 활성화되지 못한다. 따라서 지혜로운 사람일수록, 유능한 경영자일수록 웃음은 좋은 경영 전략이 될 것이다.

웃음은 돈이 들지 않는 투자다. 웃을 수 있는 조직 풍토를 조성하고, 그것이 자연스럽게 뿌리내릴 수 있다면 저절로 생산성은 향상될 것이다.

나는 시험 감독을 할 때마다 학생들에게 질문을 한다.

"죽어도 커닝을 해야겠다는 학생 있으면 손 들어봐요."

그러면 여기저기서 웃음이 터져 나온다. 그리고 잔뜩 긴장되어 있던 분위기도 완화된다.

그러나 똑같은 말이라도 "경고하는데 시험 중 커닝하다 걸리면 퇴장 조치하겠다"고 했다면 긴장된 분위기만 더 고조시켰을 것이다. 감시받는 느낌으로 시험을 친다면 학생들도 제 실력을 발휘하기 힘든 법이다.

이처럼 경고하는 말이라도 그 전달 방법에 따라 분위기가 달라지듯이 기업에서도 마찬가지다. 어떤 방법으로 창의성을 계발하고 능력을 발휘하게 할 것인가. 여기에 당장 유머라고 적어보라. 그리고 당장 실행에 옮겨라.

즐거운 직장을 만드는 15가지 방법

일과 재미는 언제나 하나가 되어야 한다.
당신은 끊임없이 당신 자신과 직원들, 고객에게
일 속에서 즐거움을 줄 수 있는 새로운 방법을 찾아야만 한다.

― 매트 웨인스테인

복날에 죽은 개들이 염라대왕한테 불려갔다.

"다음 생에는 무엇으로 태어나고 싶은고?"

"네, 반드시 식인종으로 태어나게 해 주십시오."

일 자체는 목적이 될 수 없다. 일이란 원하는 목적을 실현하는 방법일 뿐이다. 그렇다면 어떻게 일을 해야 하는가. 일에서 오락적인 요인을 계발하고 이를 적극적으로 관리하는 것이다. 즉, 일을 통해 인간의 본능적인 쾌락을 추구할 수 있을 때 목적을 달성할 수 있다.

이에 따라 일과 즐거움이 함께하는 문화를 창조해 내야 한다. 이제 재미있는 일터를 만들어가는 것은 일을 잘하는 것만큼이나 중요하다. 일을 통한 자아 성취와 행복감을 줄 수 있는 H^{Humor} 요소를 찾아내고 아이디어를 계발해 보자.

외국계 금융 회사에 다니는 허 이사는 유머 공모제를 실시하고 난 뒤로 달라진 회사 분위기를 이렇게 말한다.

"처음에는 잘 인식할 수 없었는데 점차 시간이 지나면서 직원 간의 벽이 낮아지고 친밀감이 형성되는 것이 보였습니다. 2년 정도 지나고 나니 이것이 유머경영이구나 할 정도로 조직 문화가 달라진 것을 피부로 느끼게 되었습니다. 가장 두드러진 현상은 일터에서 즐거운 여가 분위기를 느낄 수 있다는 것입니다. 놀이 개념이 도입되어 업무 현장은 활력이 넘칩니다."

관료주의가 몸에 밴 윗사람들은 유머경영이라는 것에 대해 반신반의하게 마련이다.

그러나 일단 도입을 하게 되면 경영 차원에서 적극적인 관심을 보이게 된다. 공식적인 자리에서조차 유머를 통한 의사 전달로 상하 간의 벽이 허물어지고 신뢰 분위기가 형성되어, 구성원들의 단합된 힘을 직접 느낄 수 있기 때문이다. 웃음은 낯선 사람을 하나로 묶어주는 놀라운 힘이 있다. 당장 일터에서 활용할 수 있는 H 요소를 제시해 보면 다음과 같다.

가장 멋진 모습으로 웃고 있는 사진을 책상에 붙여놓아라

웃는 모습을 바라보는 것은 심리적인 위안을 줄 뿐만 아니라 자신도 모르는 사이에 거기에 동화되게 한다. 따라서 우울할 때나 언짢은 일이 있을 때마다 밝은 표정이 담긴 사진을 바라보는 것은 좋은 방법이다. 이왕이면 연예인이나 대중적으로 알려진 유명 인사의 사진보다는 자신이나 가족 사진이 더 활력을 준다.

사진을 몸에 지니고 다니는 것도 한 가지 방법이다. 회사원인 오진수 씨는 가족들의 웃는 모습이 담긴 사진을 코팅하여 항상 지갑 속에 지니고 다닌다. 그 사진을 바라볼 때마다 "아빠, 우리 가족이 활짝 꽃 피었어요"라고 했던 둘째아이의 말이 떠오른다는 것이다. 사실 행복하게 웃는 가족의 얼굴이 꽃송이가 아니고 뭐겠는가? 우리는 모두 한 송이 아름다운 꽃이다.

유머 게시판을 운영하라

매일 그날의 유머를 게시하여 공유한다. 직원들이 계발한 창의성 있는 유머를 게시하는 것도 좋은 방법이다. 이것은 외부에서 방문한 고객이나 거래처 손님들에게도 부드러운 회사 분위기를 보여줄 수 있는 기회가 된다.

기업을 운영하는 사람이나 구성원은 단지 돈 때문에 그 자리에 앉아 있는 것이 아니라는 사실을 알아야 한다. 궁극적으로 행복을 추구할 수 있는 요인을 발견하고 함께 공유할 수 있는 단체를 원한다면 말이다.

오프라인에서뿐 아니라 인터넷상에서 유머를 주고받는 풍토도 바람직하다. 딱딱하고 판에 박힌 업무 용어보다는 유머러스한 커뮤니케이션 기법을 찾아볼 수도 있다. 관심이 있는 사람들에게 유머란 어디에나 있는 것이다. 우리는 그저 적절할 때 그것을 발견하여 즐기면 된다.

자동차 부품을 전문적으로 생산하는 K사에서는 아침에 컴퓨터를 켜면 가장 먼저 오늘의 유머가 뜬다. 유머 관리자라는 직함을 갖고 근무하는 나지운 씨는 이렇게 말한다.

"유머는 전 직원에게 워밍업을 시키는 효과가 있지요. 남자 직원들이 많고 주로 기계에 의존하는 제조업이다 보니 좀 딱딱한 분위기였는데, 사내 유머 게시판을 운영하고 난 뒤로는 완전히 달라졌습니다."

이 회사는 2년간 사이트에 올라온 유머를 엄선하여 책으로 발간할 예정이다. 그리고 이 책을 거래처나 직원 가족들에게 나눠주어 결속력을 강화하는 방법으로 활용할 계획이라고 한다. 이처럼 유머는 사람을 하나로 묶어주고 조직력을 강화시켜주는 효과를 준다.

유머 콘테스트를 개최하라

유머 콘테스트를 개최하여 이를 조직 문화 개선과 경영에 어떻게 활용할지를 연구해 본다. 그 대표적인 기업이 바로 사우스웨스트 항공사인데, 이 기업은 유머 감각이 뛰어난 직원이 능력도 우수하다는 기업 이념을 지니고 있다. 그만큼 웃음이라는 것을 이 시대의 경쟁력으로 판단한 것이다.

사무실 분위기를 자주 바꾸어라

고정된 틀을 가지게 되면 자기도 모르는 사이 틀에 적응하게 된다. 복장과 업무 처리 방식, 나아가 사고방식까지도 일정한 틀 내에서만 이루어지는 것이다. 그렇게 되면 새로운 분위기로 새로운 근무 환경을 만들거나 혁신적인 업무 방식을 창출하는 것은 언감생심 꿈도 못 꿀 일이다. 그에 비해 어떤 회사는 신입 사원이 들어오면 그 신입 사원의 시각으로 분위기를 바꾸어보라고 권장한다. 매너리즘에 빠져 있는 직원들을 환기시키고 신선한 시각에서 문제점을 해결하기 위한 방법이다. 예를 들어, 실내 조명의 밝기, 책상이나 자리의 재배치, 사무기기의 위치나 장식 등을 달리하여 팀의 컬러를 변화시킨다.

모 건설 회사는 인테리어 전문가에게 의뢰하여 1년에 한 번씩 팀별로 사무실 분위기를 바꾸어준다고 한다. 이는 업무 능률에 도움이 된다는 사실을 검증한 결과로서, 새롭고 즐거운 일터를 위한 감성 서비스라고 할 수 있다. 기본적으로는 직원 만족을 통해 생산성을 향상시키기 위한 전략적인 지원이다.

옷차림을 바꾸어보라

당신 회사는 캐주얼 차림을 허용하는가. 최근에는 고정된 틀에서 벗어난 근무 환경을 만들기 위하여 업무 성격에 따라 캐주얼 차림을 권하는 기업들이 늘어나고 있다.

직장인은 항상 정장 차림에, 구두를 신어야 한다는 고정관념을 버릴 필요가 있다. 자기가 원하는 스타일대로 옷을 입고 근무할 수 있다면 우선 행동이 자유스러워질 것이며, 이에 따라 근무도 창의적인 쪽으로 변화하게 된다.

파격적인 조직 변화를 꾀하는 사우스웨스트 항공사는 정장 대신 캐주얼 복장을 선도해 온 기업이다. 그래서 현장 직원에서부터 중역에 이르기까지 본인의 취향에 맞는 차림으로 출근할 수 있는 제도가 마련되어 있다. 허브 켈러허 회장 스스로도 청바지에 와이셔츠를 입고 이사회에 참석할 정도다.

물론 옷이 바뀐다고 사람이 바뀌는 것은 아니다. 그러나 이러한 자유가 주어지게 되면 형식적이거나 권위적인 업무 분위기를 탈피할 수 있고, 그런 바탕에서 여유가 생겨나 유머와 웃음이 만들어지는 것이다. 일주일에 한 번쯤은 가볍게 자유 복장으로 출근하는 풍토를 만들어보라.

명함을 다시 만들어라

지금 당신이 가지고 다니는 명함은 어떠한가. 사람들의 관심을 끌어들일 만한 디자인인가? 아니면 이름과 주소와 전화번호가 내용의 전부인가? 우리가 흔히 알고 있는 평범한 스타일이라면 당장 태워버려라. 그리고 나만의 독특한 문화를 명함에 담아라. 색상을 바꾸고 디자인을 바꾸고 글씨체를 바꾸어라. 기억에 남을 만한 인상적인 문구와 유머러스한 이미지를 넣어라.

첫인상은 두 번 줄 수 없는 것이다. 강한 리더십, 유머 리더십을 첫인상으로 남기려면 작은 것부터 실천하라. 익살스럽게 웃고 있는 자신의 사진을 명함에 넣거나 자신을 소개하는 유머 넘치는 문구를 넣어도 좋다. 유머가 있는 삶이란, 그것을 적극적으로 알리고 나누어 갖는 데 있다.

직장 앨범을 만들어라

직장을 배경으로 직장 동료들과 함께한 사진만 모아 앨범을 만들어본다. 심각하게 일하는 장면, 졸고 있는 장면, 함께 밥을 먹는 장면 등 사소한 일상이 담긴 앨범을 만들어 함께 돌려보는 즐거움을 만끽해 보는 것이다. 야유회나 경조사 모임에서 만난 동료의 가족들까지 사진에 담아보는 것도 좋다. 이런 사진 한두 장을 사무실 한구석에 걸어놓는다면 업무 관계로 얼굴을 붉히는 일은 없을 것이다.

왕근수 씨는 이러한 방법으로 회사 분위기를 화기애애하게 만들고 있는데, 근무 중의 재미있는 장면이나 체육대회 같은 행사에서 찍은 사진을 앨범으로 제작하여 직원들에게 나누어주는 것을 낙으로 삼고 있다.

"행복하게 웃는 동료들의 사진을 매일 보는데 인간관계가 나빠질 수가 없죠. 동료들도 이전보다 훨씬 친근해져서 가족처럼 느껴진다는 말을 합니다."

자부심을 가져라

자부심이 없다면 유머도 없다. 웃음은 자기 자신에 대한 자부심과 일에 대한 자부심에서 나오는 것이다. 한마디로 웃음은 회사와 일,

자신에 대한 자부심의 증거라고 할 수 있다.

일에 대한 긍지가 없다면 그 일을 사랑할 수가 없다. 그런 사람은 아무리 오래 일을 한다 해도 자기 분야에서 전문가로 성공할 수가 없다. 흔히 성공한 사람들의 이야기를 들으면 일에 미쳐서 몰입할 수밖에 없었다는 내용이 많다. 그러한 열정에서 아이디어가 나오고, 그런 생활 속에서 자신감을 얻는 것이며, 이 모든 상황이 맞아떨어졌을 때 유머를 발휘할 수 있는 것이다.

일을 사랑한다는 것은 자기가 몸담고 있는 조직을 사랑한다는 말과 같다. 회사의 이념이나 목표가 맘에 들지 않는데 열심히 일하거나 자부심을 가질 수는 없는 것이다. 자신의 꿈은 지금 일하고 있는 일터를 통해서 이루어질 수 있다는 믿음이 있어야 한다. 가장 불행한 사람은 생활비를 벌기 위해서 억지로 조직 생활을 하는 사람이다. 이는 자기의 미래는 이곳이 아닌 다른 곳에 있다는 생각으로 끊임없이 자기 조직을 비난하는 사람도 마찬가지다.

어느 회사의 신입 사원 면접장.

"합격한다면 언제까지 다니고 싶소?"

"네, 저는 일단 일해 보고 결정하겠습니다."

"저는 머리털이 파뿌리가 될 때까지 다니겠습니다."

"그럼 회사하고 결혼하겠다는 건가? 그럼 자네는?"

"걱정하지 마십쇼. 저는 분명히 사장님보다는 오래 다닐 겁니다."

"왜지?"

"살아갈 날이 제가 더 많으니까요."

"마지막으로 자네는?"

"저는 사장이 될 것이니 그런 질문은 어울리지 않는다고 봅니다. 다만 저로 인해 사장님 거취가 걱정될 뿐······."

이런 당당함은 자신을 사랑하는 마음에서 비롯되는 것이다. 자신을 사랑하는 사람은 방황하지 않는다. 자기 스스로 인생의 진정한 가치를 찾을 수 있기 때문이다. 그러나 자신에 대한 자부심을 갖지 못한다면 인생의 참맛을 느낄 수 없다.

이처럼 자기 사랑을 거치지 않고는 유머적인 삶은 실현될 수 없다. 마음에서 우러나는 웃음은 자기 사랑의 한 표현이기 때문이다.

유머 리더십을 발휘하고 싶은가. 그렇다면 자신부터 사랑하라.

축하 파티를 자주 열어라

좋은 일이 많이 생기면 파티를 자주 하게 마련이다. 따라서 파티를 자주 한다는 것은 회사가 발전한다는 증거다. 사무실이든 공장이든 회식 자리든, 어디서나 조직원들의 웃음이 넘친다면 그 회사는 훌륭한 회사라 할 수 있다.

어느 조직에서든 축하하고 칭찬할 일은 많다. 그러나 관심을 기울이지 않으면 축하할 일은 별로 없다. 말하자면 단결력도 강하고 분위기도 좋은 회사일수록 파티할 일이 많다는 것이다.

모 은행에서는 이러한 방식을 직원들을 위한 독특한 이벤트로 정착시키고 있다. 축하할 일이 생기면 다 함께 모여 파티를 함으로써 관계를 돈독히 하는 것이다. 이 은행에서는 회사 차원에서 예산을 지원하여 축하 파티 자리를 갖는 것을 정례화하고 있다.

크고 작은 일들을 찾아내어 서로 축하해 줄 수 있는 파티를 자주 연다고 한다. 그래서 직원들 사이에선 웃음소리가 끊이지 않는다. 그 밖에도 이 은행에서는 칭찬 기법을 시행하고 있다. 칭찬 기법이란 칭찬 메시지가 담긴 카드를 익명으로 전하는 것이다. 그래서 직원들은 모두 누군가로부터 칭찬과 격려를 받고 있다는 감동을 받게 되고, 동료든 윗사람이든 칭찬해 줄 사람을 주의 깊게 관찰하게 된다.

지난 한 해 동안 다섯 번이나 칭찬 카드를 받은 이민지 씨의 말이다.

"칭찬을 받을 때 누구로부터 받는 칭찬인지 모르니까 결국은 모두에게 감사드릴 수밖에 없지요. 이때부터 동료들을 따뜻하게 대하는 습관이 몸에 배기 시작했어요."

지금 당장 칭찬거리를 찾아라. 그리고 위트 넘치는 방식으로 칭찬을 담아보라. 조직을 일하고 싶은 일터로 만들어가기 위해서는 작은 것이라도 축하해 주고 관심을 기울이며, 그 안에서 웃음을 나눌 수 있는 유머 리더십을 발휘할 필요가 있다.

비전 있는 팀을 만들어라

당신이 어느 조직 어느 팀에 있든 그곳에는 꿈이 있어야 한다. 개인이든 조직이든 꿈을 나눌 때 성장할 수 있기 때문이다. 조직에서 비전을 창출하지 못한다면 함께 웃을 수가 없다. 다시 말해, 함께 웃을 수 있을 때 조직의 미래도 밝다.

유머 리더십은 오늘만의 기쁨이 아니라 미래를 나눌 필요에 의해서 발휘되어야 한다. 그리고 유머가 자랄 수 있는 토양을 가꾸어 나가는 일이 유머 리더의 핵심 역할이다. 우선 비전 선언문을 만들어보라. 비전을 공유하고 이를 공동으로 실천할 수 있는 틀을 만들어 실천함으로써 조직과 구성원 모두가 행복할 수 있는 토대를 구축하라.

윗사람과 아랫사람은 서로 역할을 바꾸어 연기해 보라

윗사람의 날, 아랫사람의 날을 정해 보자. 그리고 윗사람은 아랫사람이 되고 아랫사람은 윗사람이 되어 역할 연기를 해보자. 이것은 다른 직위를 경험함으로써 그들의 고충을 이해하고 열린 시각을 갖게 하는 효과가 있다. 게다가 매너리즘에 빠져 있던 자신을 회복할 수도 있게 만든다. 아랫사람이 되어봄으로써 새로운 아이디어와 열정을 얻고, 윗사람이 되어봄으로써 비전을 얻는 것이다.

역할 연기를 해보면 자신의 위치에서는 발견할 수 없었던 새로운 사실과 정보를 얻을 수 있다. 뿐만 아니라 윗사람은 윗사람다운 리더십을, 아랫사람은 아랫사람다운 덕목을 갖출 수 있다. 이는 서로를 더 잘 이해할 수 있게 해주며 신뢰감을 높이고 열정적인 조직 문화를 만들어가는 데 기여한다.

1년에 두 번씩 역할 연기를 하고 있는 M사는 이 제도를 통해 직원 간 신뢰를 회복하고 커뮤니케이션이 원활해졌다고 한다. 신입 사원의 아이디어였는데, 실시해 본 결과 수평적 시스템이 정착되어가고 있다. 앞으로는 좋은 일터 만들기 차원에서 이를 전 부서로 확대하고 경영 관리 차원에서 집중적으로 관리해 나갈 예정이라고 한다.

감사의 말을 자주 하라

미국에서 살고 있는 교민에게 들은 이야기다.

"미국에서는 자식에게 가장 먼저 가르치는 말이 '땡큐'인데, 한국에서는 무엇인지 아십니까?"

"엄마, 아빠가 아닐까요?"

"아닙니다. 그것은 다름 아닌 '까까'와 '지지'입니다. 여기에 문제가 있습니다. '땡큐'라는 말을 먼저 배우고 자란 그쪽 아이들은 어른이 되어서도 남을 존중할 줄 알고 배려하는 습관이 몸에 배지만, '까까'와 '지지'를 먼저 배운 한국 아이들은 가족 이기주의와 뇌물에 익숙한 어른으로 자라게 된다는 것입니다."

그의 말인즉, 자식이 더러운 것을 쥐거나 할 때 무조건 '지지'라고 하여 과보호를 하는 게 문제라는 것이다. 또 아이가 울기만 해도, 심부름을 시킬 때도, 타이를 때도 '까까'라고 하며 얼르고 달래다 보니 자연스레 아이들도 이런 거래 방법에 익숙해지고, 결국 어른이 되어 일을 해나갈 때 뇌물을 주고받는 경향이 생긴다는 것이다.

감사하는 마음, 서비스 정신은 인간관계의 기본이요 기업 경영의 핵심 요소다. 감사하는 정신이 없으면 원만한 인간관계는 유지될 수 없으며 또한 기업과 고객 간의 신뢰도 지속될 수 없다. '감사합니다, 고맙습니다'의 정신은 일상생활에나 기업 조직에 활기를 넣어주는 윤활유 역할을 한다.

인간은 혼자서는 살아갈 수 없는 사회적 존재다. 이 말에는 서로의 권리와 인격을 존중하며 살아갈 때 더 좋은 이상을 추구할 수 있다는 뜻이 담겨 있다. 정신적으로든 물질적으로든 우리는 끝없이 주고받는 관계에 있다. 이때 가장 기본적인 거래는 마음이다. 즉 거래 관계를 잘 이끌어가기 위해서는 항상 감사하는 마음을 지녀야 하는 것이다. 대통령은 국민에게, 시장은 시민에게, 기업은 고객에게 감사하는 정신을 갖는 것이야말로 훌륭한 정치요 훌륭한 기업 운영이 아니겠는가.

감사의 정신을 살려 감사의 날을 정하라. 그리고 직원과 사장과 고객이 서로 감사의 마음을 전할 수 있는 행사를 마련하라. 범사에 감사하라는 말도 있듯이, 모든 것에 감사하는 마음을 가지고 그러한 표현을 자주 사용하는 것이 바로 선진 기업으로 가는 길이다.

물론 감사할 만한 충분한 이유가 있어야 한다. 그리고 사소한 이유일지라도 마음으로부터 진정 우러나는 말이어야 한다. 입으로만 습관적으로 감사하다고 하는 것은 아무런 소용이 없다.

관심을 기울이지 않으면 사소한 고마움은 그냥 지나치게 마련이다. 그러나 자기의 행운에 대해 남과 함께 나눌 줄 아는 마음, 남에게 감사할 줄 아는 마음을 실천한다면 더 큰 축복으로 되돌아온다. 선진

210

적인 기업일수록, 개방적인 조직일수록, 유머 있는 기업일수록 '감사합니다'가 잘 활용되고 있다는 사실을 우리는 주목해야 한다.

따뜻한 언어를 구사하라

인간은 언어적인 동물이다. 마음속에 담겨 있는 사상이나 감정들은 언어를 통하여 교류된다. 괴테가 "언어는 존재의 집"이라고 말했듯이, 언어란 자신의 모든 것을 표현해 주는 도구인 셈이다. 따라서 어떠한 언어를 사용하느냐에 따라 그 사람이 어떤 사람인지를 알 수 있다.

지난 연말, 우연히 한 선배를 따라 모 국회의원 후원회에 간 적이 있다. 그 국회의원은 학력이나 경력으로 보아 일류였으나 말하는 모습을 보는 순간 실망하고 말았다. 말의 앞뒤가 맞지도 않고 발음이나 표현도 정확하지 않았던 것이다. 더욱이 목소리는 어찌나 큰지 귀가 아플 지경이었다.

정치적 리더십을 발휘해야 할 사람의 언어 수준이 이 정도인데 앞으로 어떻게 정치 리더가 될까 의심스러웠다. 게다가 그에게서는 유머는커녕 따뜻한 정서조차 느낄 수 없었다.

유머 리더에게 언어가 차지하는 비중은 절대적일 수밖에 없다. 언어는 곧 그 사람의 직업과 교육 수준, 나아가 인격을 말해 준다. 유머 리더는 대체로 표준어를 구사할 필요가 있고, 모두가 공감할 수 있는 언어를 사용할 줄 알아야 한다. 사람들은 그의 언행을 통해 그에 대한 신뢰 여부를 결정하기 때문이다. 말 한마디로 천 냥 빚을

갚는다는 말도 있지만 한마디의 말실수로 엄청난 손실을 가져올 수
도 있다.

커뮤니케이션 능력을 향상시켜라

인간관계의 기본 구조는 커뮤니케이션 관계에 있다. 그런데 커뮤
니케이션만큼 어려운 과제도 없다. 피터 드러커는 경영의 본질은 커
뮤니케이션이라고 지적할 만큼 커뮤니케이션의 문제는 곧 인간관계
와 기업 경영의 근본이 되고 있다.

그런 의미에서 볼 때 유머 테크닉은 커뮤니케이션 능력에서 시작
된다고 볼 수 있다. 그런데 문제는 소통이 일방적으로 이루어지는 경
우다. 유머는 가장 인간적인 커뮤니케이션이라서 상대방을 존중하
고 상대방의 입장에서 경청할 수 있는 쌍방 커뮤니케이션 관계를 유
지하는 일이 중요하다.

유머란 보이지 않는 협상가다. 유머를 구사할 때는 다음과 같은 내
용을 명심해야 한다.

○ 적극적으로 유머를 구사한다.

○ 싫어하는 사람에게도 먼저 웃으면서 인사한다.

○ 공감하는 분위기를 만든다.

○ 말을 들을 때 어조, 태도, 표정에 주의한다.

○ 유머 표현력을 향상시켜 나간다.

○ 상대방에 따라 눈높이 언어를 구사한다.

○ 대응력을 키워 나간다.

○ 유머는 외워서 사용하는 데는 한계가 있다. 그때그때의 상황에 따라 재치 있게 행동한다.

○ 유머로 설득력을 길러나간다.

유머를 구사할 때의 말투는 곧 마음의 상태를 나타낸다. 어떤 언어를 어떤 방식과 태도로 전달하느냐에 따라 결과는 크게 달라질 수 있다. 특히 고객을 상대하는 일을 하는 사람이라면 구매를 강요하지 않으면서 고객의 마음을 편안하게 하고 호감을 줄 수 있도록 하는 것이 중요하다. 그렇다면 유머 리더의 언어 사용에 원칙이 있을까? 정리해 보면 다음과 같다.

○ 한마디라도 신경 써서 신중하게 한다.

○ 명령형을 의뢰형으로 한다.

○ 부정형을 긍정형으로 한다.

○ 플러스적인 대화법을 구사한다.

○ 존칭어를 사용한다.

경직된 조직을 개방적인 방향으로 변화하기 위해서는 조직원 전체가 친밀감이 담긴 언어를 사용해야 한다. 예를 들어 다음과 같은 표현은 어떨까.

"김 대리, 수고했어."

"부장님, 감사합니다."

"이봐, 다 자네 덕일세."

"역시 자네야."

"훌륭했어."

"사모님에게 사랑받겠어요."

"아주 멋진데!"

"멋진 아이디어야."

"난 자네를 믿네."

"과장님, 뭐 도와드릴 것 없어요."

"자, 함께 힘내자구."

"사랑해요."

"우리 사장님 짱이야."

"이 프로젝트는 자네의 작품일세."

"윗분에게 자네를 적극적으로 추천하겠네."

"사장님도 자네의 노력을 알고 있네."

"어려운 일 있으면 언제든지 말하게."

"역시 자네가 우리 팀의 주인공이야."

친절을 무기로 삼아라

친절이란 단순히 부드럽게 대하거나 상대를 편안하게 하는 정도
의 서비스가 아니다. 서비스라기보다는 치열한 경쟁의 핵심이라고

214

할 수 있다. 세계화 시대에서 국제적인 매너와 친절을 갖추었느냐 하는 것은 제품 자체만큼이나 중요한 부분이기 때문이다.

내가 살고 있는 아파트 근처에 슈퍼마켓이 있는데, 어느 날 주인이 바뀌었다. 새 주인을 보는 순간 나는 명퇴한 직장인이겠구나 하는 확신이 들었다. 그런데 장사를 해본 적이 없어 보이던 이 슈퍼마켓 주인 때문에 며칠 사이에 손님이 뚝 끊겼다. 사람들이 장소도 좋은 이곳을 마다하고 지하에 있는 다른 가게를 이용하게 된 것이다. 쌀쌀맞기 짝이 없던 주인의 불친절 때문에 결국 그 가게는 6개월도 못 버티고 말았다. 그에 비해 새로 바뀐 주인은 너무나 대조적이었다. 부드럽고 친절한 서비스를 베풀어 손님들의 발길을 다시 돌려놓았다.

경영을 죽이고 살리는 원인은 제품의 품질이나 가격에도 있겠지만 서비스도 그에 못지않게 중요한 요소다. 고객이나 동료, 이웃을 대하는 매너, 따뜻한 관심, 친절한 말투 같은 지극히 상식적인 서비스가 유머 리더십을 높이고 유머 리더로서의 주가를 높여나가게 한다. 친절은 이제 유머 리더의 세계에서는 경쟁력이요 전략이며, 때로는 생존의 문제인 것이다.

○ 친절은 유머 리더십의 척도를 나타낸다.
○ 친절은 유머 리더의 가치를 높여주는 마력이 있다.
○ 친절이 전략이라는 평범한 논리를 되새겨보자.

친절은 고개 숙여 인사한다거나 말을 부드럽게 하는 것만을 의미하지는 않는다. 친절은 자신감의 표현이기도 하다. 자신감이 없고 매사에 불만이 많은 사람은 친절을 베풀기 어렵기 때문이다.

또한 열등감이 있거나 지나친 경쟁 의식에 사로잡혀 있는 사람, 인내심이 부족한 사람, 성격이 모난 사람도 친절을 베풀 수 없다. 이런 사람들은 마음의 여유가 부족하거나 자신감이 부족하기 때문이다.

인간관계에서 성공하기 위해서는 좀더 우호적인 사람이 되어야 한다. 특히 유머 리더가 되려는 사람은 데일 카네기의 충고를 귀담아 들을 필요가 있다.

○ 비난이나 불평을 하지 마라.
○ 솔직하고 진지하게 칭찬과 감사의 마음을 전하라.
○ 다른 사람에게 순수한 관심을 보여라.
○ 미소를 지어라.
○ 경청하는 태도를 가져라.
○ 상대방의 관심에 대해 말하라.

한번은 집을 옮길 계획으로 가까운 부동산 사무실을 찾았다. 마침 한가한 시간이어서 여유 있게 정보를 얻을 수 있으리라 생각했으나 나는 오래 있지 못하고 나올 수밖에 없었다. 나를 맞이한 중개업자의 불친절 때문이었다. 자리를 안내하고 성의껏 상담해 주기는커녕 나로 하여금 경계심을 불러일으키게 할 정도였다.

도대체 이렇게 성의 없는 부동산 중개업자에게 집을 팔고 사는 큰 거래를 맡길 사람이 있을까 싶었다. 결국 미련 없이 문을 열고 나오면서 나는 서비스라는 것을 생각해 보았다.

서비스 세계에서는 신뢰가 가장 중요하다. 만약 그 부동산 중개업자가 나에게 친절을 보여주었다면 나는 그를 믿고 일을 맡겼으리라. 더 나아가 그가 유머를 적절히 활용할 줄 아는 사람이었다면 이런저런 행운을 자기 것으로 만들 수 있었으리라.

유머 리더의 또 하나의 조건은 친절을 생활화하는 것이다. 유머와 친절은 같은 뿌리에서 나온 쌍둥이라고 할 수 있다. 친절로 무장하라. 그것이 유머 리더로 가는 길이다.

재미를 거래하라

재미없는 상품은 팔리지 않는다.
재미없는 인간은 더욱 팔리지 않는다.
—타니구치 마사카즈

"새들이 가장 좋아하는 나무는?"
"버드 Bird 나무."

재미는 유머경영의 핵심 요인이다. 재미있게 노는 사람이 일도 잘
하고, 재미있는 상품이 고객의 사랑을 받는다. 오늘날 이것은 이상한
일이 아니다. 놀이 개념은 이제 개인과 사회뿐만 아니라 세계까지도
바꿀 수 있는 큰 중심축이 되어버렸다. 일은 이제 때와 장소의 구애
를 받지 않게 되었다.

이처럼 놀이와 일의 경계를 없애는 것, 놀이로부터 새로운 비즈니

스를 창출해 나가는 것이 21세기의 가치관이다. 이것이 바로 경영 컨설턴트 타니구치 마사카즈가 말한 놀이 철학이다.

고객과 가까워지고 재미를 판매하기 위해서는 어느 직종에서 일하든 쇼 비즈니스의 개념을 갖고 일해야 한다. 이는 어느 기업이든 고객이 없는 비즈니스는 없다는 사실에 입각해야 한다.

당신이 하는 일이 쇼 비즈니스가 되기 위해서는 다음과 같은 조건이 충족되어야 한다.

○ 고객은 관객이다.

○ 사업장은 무대다.

○ 인테리어는 설치물이다.

○ 고객을 대하는 언어는 대사다.

○ 직원들은 배우다.

○ 일은 쇼다.

○ 복장은 의상이다.

○ 사장은 총감독이다.

○ 업무 성과와 수익은 고객 만족이다.

○ 판매하는 상품은 재미다.

사우스웨스트 항공사는 재미있는 기업 문화를 만들기 위하여 다음과 같은 철학을 갖고 있다.

○ 고객을 즐겁게 하는 일은 모든 직원의 업무다.

○ 사람들에게 재미있는 일터를 만들 수 있는 권한을 부여한다.

○ 유머는 모든 직원의 자질을 나타내는 척도다.

○ 어느 누구도 얼굴을 찌푸리지 않게 한다.

○ 재미있는 일터 만들기에 전 직원이 동참해야 한다.

○ 항상 작은 성공이나 기념일일지라도 축하하고 기뻐한다.

이제는 직원 간에도 재미를 교환하여 일하기 좋은 기업 문화를 만들어가야 한다. 또한 기업과 고객 간에도 재미를 거래하여 고객 만족과 수익의 창출을 이루어내는 유머경영 기법을 도입해야 한다. 이것이 재미있게 일하는 기업의 조직 문화다. 일을 재미있게 하면 다음과 같은 이점이 있다.

○ 개개인의 창의성과 끼를 발휘할 수 있다.

○ 기업과 직원, 직원과 직원 간의 신뢰 문화를 만들어갈 수 있다.

○ 직장을 사랑하는 마음이 우러난다.

○ 일에 대한 보람을 느낄 수 있다.

○ 아이디어를 만들어낼 수 있다.

○ 직장에 대한 비전을 가질 수 있다.

○ 고객 서비스를 위해 헌신적으로 일한다.

○ 일터의 분위기가 놀이터처럼 부담 없는 공간으로 바뀔 것이다.

○ 갈등을 쉽게 극복할 수 있다.

○ 커뮤니케이션이 원활하게 이루어진다.

○ 변화에 순응하고 미래를 내다볼 수 있는 안목이 길러진다.

유머로 소통의 다리를 놓아라

웃음은 두 사람 사이의 가장 가까운 거리다.
— 빅터 보르게

"인터넷이 보급되면서 세계적으로 뜨기 시작한 동물은?"
"골뱅이."

일터를 즐겁고 신나게 만들기 위해선 먼저 놀이터로 만들어야 한다. 이것은 웃고 즐기기 위해서가 아니라 조직의 성과를 올리기 위한 유머경영의 하나다. 실천적으로는 유머가 일상용어처럼 사용될 수 있는 분위기를 형성하는 것이다. 이에 따라 유머 커뮤니케이션 시스템을 구축할 필요가 있다. 이것은 간단히 말해서 직원 간의 대화나 업무 혹은 결재나 거래처 관리에서 항상 유머가 활용될 수 있는 체계라고 할 수 있다.

유머 인사 기법을 만든다

유머를 섞어 인사를 나누면 상하 간의 계급을 떠나 수평적인 인간
관계가 형성되고 개방적인 조직 문화가 구축된다.

"좋은 아침입니다" 대신 "오늘 아침에 무슨 좋은 일이 있었나요?"
하는 인사는 어떨까. "식사하러 갑시다" 대신 "본능에 충실해질 시
간입니다"는. "퇴근합시다"보다 "마누라가 보자는데요", "결재 부탁
합니다" 대신 "제가 실수를 저지르지 않았나 모르겠군요. 한번 살펴
주세요"와 같은 표현은.

이런 부드러운 대화로 메시지를 전한다면 분위기도 한결 밝아지
고 일할 의욕도 생길 것이다.

조직의 문화가 바뀐다는 것은 조직 구성원들의 언어 습관이 바뀐
다는 의미도 담겨 있다.

유머가 있는 회의를 한다

신세대는 회의를 싫어한다. 그들에게 회의란 형식적인 것일 뿐 일
방적으로 내려진 지시를 받아 적는 것에 그치는 경우가 허다하기 때
문이다. 사실 회의를 위한 회의를 하느라 에너지를 낭비하는 회사도
적지 않다. 생산적인 회의, 참여하고 싶은 회의가 되려면 주재하는
사람의 능력이 중요하다. 예를 들어 주재하는 사람이 가끔 재치 있는
유머를 구사한다면 분위기는 활기차게 될 것이다.

이처럼 아침부터 지루한 회의를 하느라 진을 빼지 말고, 활기를 돋우는 유머를 주고받는 것으로 회의를 시작하라. 그러면 예전과 다른 회의 시간이 될 것이다.

사장부터 유머를 사용해야 한다

유머는 누가 사용하든 그의 약점을 감추게 하고 부정적인 이미지를 없애주는 작용을 한다. 그렇다면 사장이 유머를 잘 구사한다면 어떠한 변화가 일어날까. 우선 사장에 대한 고정적인 이미지에서 벗어날 수 있다. 또한 어떠한 제도나 시스템을 도입하지 않고도 경직된 조직 문화를 부드럽게 바꾸어가는 데 기여할 것이다.

사장의 유머는 대략 다음과 같은 효과를 가져온다.

○ 조직 문화가 하루아침에 달라진다.

○ 직원들에게 믿음을 준다.

○ 적이 없는 사람처럼 보인다.

○ 여유 있고 부드러운 이미지를 심어준다.

○ 직원들에게 비전을 준다.

○ 한 가족 같은 느낌을 갖게 한다.

○ 훌륭한 일터가 만들어진다.

○ 직원들의 자발적인 참여 의식을 높여준다.

○ 기업 이미지가 향상된다.

○ 직원들로부터 존경과 충성심을 이끌어낸다.

○ 엄숙주의가 사라진다.

유머를 인사고과에 반영하라

유머 기업이 되기 위해서는 무엇보다도 유머 직원이 있어야 한다. 이것이 유머경영의 출발이다. 유머경영을 실현하기 위해서는 유머 감각이 뛰어난 직원을 선발하는 일이 중요하다. 유머경영을 실천하는 기업들의 공통적인 요소는 유머 감각이 없는 직원은 실력이 뛰어나도 채용하지 않는다는 것이다.

세계적인 슈퍼마켓 체인 회사인 세이프웨이Safeway 는 직원을 채용할 때마다 채용 계약서에 의무 조항으로 '미소'를 넣는 것으로 유명하다. 그리하여 미소를 짓지 않는 직원은 언제든 해고할 수 있게 되어 있다. 또한 유머 감각이 없고 기업 문화에 어울리지 않는 직원을 색출하기 위해 고객으로 가장한 미스터리쇼퍼Mysteryshopper 를 투입하기도 한다.

세계적인 소매 유통업체인 월마트는 직원이 미소 짓지 않을 경우 고객들이 1달러를 가져가는 '미소 달러 제도'를 운영하고 있다. 이 1달러를 월마트 직원들은 '스마일 1달러'라고 부르는데, 이 돈은 본인이 직접 지불하는 것이다. 매장 판촉 직원에서 매니저에 이르기까지 예외 없이 이 스마일 1달러를 상의 주머니에 꽂아놓고 업무를 보아야 한다. 그리고 1달러가 꽂혀 있는 주머니에는 "만약 제가 미소 짓지 않으면 1달러를 가져가세요"라는 글이 씌어 있다.

이 때문에 월마트 직원은 출근과 동시에 1달러짜리 지폐부터 환전

225

하는데, 만약 찌푸린 얼굴을 한 점원을 만났는데 주머니에 1달러가 꽂혀 있지 않으면 매장 카운터에서 1달러를 지급해 준다고 한다.

이처럼 유머경영을 실현하고 고객으로부터 인정받기 위해서는 유머를 인사고과에 반영하여 관리할 필요가 있다. 지금 당장 당신 회사의 고객 담당 부서 직원들에게 실시해 보라. 하루아침에 조직 문화가 달라질 것이다.

아이들 눈으로 세상을 보라

신은 사람을 평가할 때 머리가 아니라 마음을 만져본다.

—헌트

"눈이 녹으면 어떻게 될까?"

"물이 된다." _{어른}

"봄이 온다." _{아이들}

아이들과 함께 있으면 행복하다. 이것은 아마 신이 인간에게 준 선물이 아닐까 싶다. 어른도 아이들의 눈으로 세상을 바라보는 법을 배워야 한다. 복잡한 이해타산으로 세상을 산다면 행복은커녕 불안과 갈등만을 키울 뿐이다. 유머경영을 제대로 실현하기 위해서는 어린이를 스승으로 삼아 진리를 배워야 한다.

아이는 단순하게 생각한다

재미는 단순함에서 찾을 수 있다. 복잡한 업무나 인간관계 속에서 재미를 발견하기란 힘든 일이다. 그렇다고 해서 재미와 일이 완전히 동떨어진 것은 아니다. 마음이 복잡하고 고민거리가 많은 상태라면 일에서 재미와 흥미를 찾기 어려울 것이다. 원래 유머는 복잡한 상황에 존재할 수 없는 것이다. 아이처럼 단순하게 생각하라. 그러면 순수함을 얻을 것이다.

아이는 나쁜 기억을 오래 간직하지 않는다

복잡하고 불편한 생각을 오래 간직하고 있으면 유머가 깃들 수 없다. 웃음을 쫓아내는 적은 마음을 불편하게 하는 기억들이다. 이럴 때는 기억을 과감히 지워버려야 한다. 아이들처럼 말이다. 승진되지 않았다거나 동료와 다퉜다거나 윗사람에게 꾸지람을 받았다거나 하는 일들은 오래 기억할수록 자신에게 해롭다. 결국 동료를 경계하거나 스스로 위축되거나 소심해질 수밖에 없기 때문이다. 이런 기억은 또한 회사를 부정적으로 인식하는 습성을 갖게 만든다.

좋지 않은 기억은 빨리 잊을수록 좋다. 새로 펼쳐질 미래로 시선을 돌려라.

아이에게는 적이 없다

경쟁자가 많은 사람은 항상 경계심을 지녀야 하기 때문에 마음의 여유가 없다. 무엇을 잃을까, 빼앗길까 노심초사하느라 유머는 더욱 더 기대할 수가 없다. 조직 생활은 갈등의 연속이다. 업무 자체로부터 받는 갈등보다는 대인 관계에서 비롯된 스트레스가 더욱 괴로운 법이다. 직장을 옮기겠다고 하는 사람들의 대부분은 업무보다는 직원과의 갈등 때문이라고 하는데, 마음속에 껄끄러운 사람을 안고 산다는 것은 불행한 일이 아닐 수 없다.

아이들은 다투기도 잘하지만 다음 날이면 금방 화해하기도 잘한다. 어린 시절로 다시 돌아갈 수는 없지만 그들에게서 배울 지혜는 얼마든지 있다. 적어도 유머경영을 꿈꾸는 기업이라면 이에 관심을 기울여야 한다.

아이는 웃음을 잃지 않는다

어른이 아이를 흉내낼 수 없는 것 중 하나가 웃음이다. 아이들은 사소한 일에도 잘 웃고 즐거워한다. 한 연구 조사에 의하면 어린이들은 하루에 보통 300번 정도 웃는다. 그런데 어른이 되면 하루에 15번 정도밖에 웃지 않는다고 한다. 무엇이 어른에게서 웃음을 앗아갔을까. 많이 웃고 즐기기 위해서는 아이에게서 배워야 한다. 웃음에 관한 한 아이들은 어느 시인의 말처럼 '어른의 아버지'다.

어린이와 같은 마음을 유지하려는 자세가 바로 유머가 깃들게 하는 일이며, 즐거움을 나누는 유머경영의 시작이다.

아이는 상황에 잘 적응한다

아이는 어른에 비해 적응력이 좋은 편이다. 어른이 되면 선입견이나 고집 또는 개성이 생겨나 변화된 환경에 적응하기 어렵다. 하지만 사회생활을 하다 보면 낯선 사람 낯선 상황에 자주 맞닥뜨리게 마련이며, 자기 주장을 하기도 쉽지 않다.

아이들의 유연함을 배워야 한다. 빨리 적응하고 마음의 안정을 찾아야 유머도 발휘할 수 있고 업무도 익숙해진다.

아이는 일과 놀이의 구분이 없다

아이들이 잘 웃고 즐겁게 살 수 있는 것은 일과 놀이를 구분하지 않기 때문이다. 일과 놀이를 별개의 것으로 생각하는 한 유머경영은 뿌리내리기 어렵다. 물론 제도적인 뒷받침이 이루어져야 하지만, 중요한 것은 직원들이 만들어가는 유머 문화다.

일을 열심히 하되 그 안에서 재미를 느낄 수 있는 환경을 만들어야 한다. 지금 당장 웃음과 유머를 저해하는 규제나 제도를 과감히 벗어던져라. 즐기면서 일하고 성과를 창출할 수 있는 조직 문화를 만들어가는 것이 바람직한 기업 문화다.

아이는 감정 표현이 솔직하다

아이들은 자기 감정에 솔직하다. 왜곡하지 않고 있는 그대로 표현한다. 조직 생활을 하다 보면 다른 사람들과의 관계를 고려하여 솔직하게 자신의 생각을 드러내기가 어렵다. 유머경영은 이러한 벽을 허물고 자유로운 의사소통이 되도록 만드는 것이기도 하다.

유머가 자연스러운 조직 사회, 개인의 의견이나 감정이 잘 표현되

는 기업 문화를 이루기 위해서는 우선 아이의 순수함을 배우려는 자
세가 필요하다.

유머 관리자를 양성하라

스스로를 바꾸지 않는 한
이미 가지고 있는 것밖에 가질 수 없다.
— 짐 론

쇼핑할 때 하는 말을 보면 민족성을 알 수 있다.

○ 더 싼 것은 없나요? -일본인

○ 이거 최신식인가요? -미국인

○ 요즘 유행하는 것인가요? -프랑스인

○ 믿을 수 있나요? -중국인

○ 얼마나 단단하죠? -독일인

○ 가짜는 아니겠죠? -한국인

유머가 조직적으로 관리되고 이것이 기업 문화로 정착되기 위해서는 유머 전문가를 양성해 나가야 한다. 유머경영이란 단순히 웃고 즐거움을 찾기 위한 것이 아니므로 체계적으로 관리해야 한다. 그러기 위해서는 경영 성과와 연관 지어 하나의 지표를 계발하고 응용할 수 있는 노하우가 필요하다. 기업에서 유머 관리자는 다음과 같은 일을 할 수 있다.

- 유머를 수집하고 이를 공유하는 일.
- 유머 기업을 방문하여 벤치마킹하고 연구하는 일.
- 유머 게시판을 관리하는 일.
- 조직 내에 유머가 뿌리내릴 수 있도록 유머와 관련된 이벤트를 기획하고 관리하는 일.
- 기업 문화와 유머를 연결하는 일.
- 유머와 직원들의 직장에 대한 만족도를 분석하는 일.
- 고객의 유머적인 서비스나 경영에 대한 만족도를 분석하는 일.
- 유머가 경영 성과에 미치는 영향을 분석하는 일.
- 유머가 조직 내의 커뮤니케이션에 미치는 영향을 분석하는 일.
- 유머 강사를 초빙하여 교육하는 일.
- 유머와 재미있는 일터, 좋은 일터를 만드는 일.
- 조직의 유머 지수를 평가하는 일.
- 유머 문화를 만들어가는 일.

인생의 궁극적인 목표는 행복을 추구하는 일이다. 그러나 일을 떠나서 행복을 맛볼 수는 없다. 그렇다면 일을 재미있게 할 수 있는 방법을 찾아야 한다. 일에 대한 왕성한 의욕과 열정이 넘치는 사람이 되어야 한다. 그래야 일에서 행복을 얻을 수 있다. 고 정주영 회장은 아침이 오기만을 기다리다 잠을 설친 적이 한두 번이 아니라고 자서전에서 밝힌 바 있다. 스티븐 스필버그 감독도 일에 대한 기대와 열정으로 아침밥을 거른 적이 많았다고 한다.

성공은 열정적인 마음에서 비롯된다. 그리고 열정이 사라지면 유머는 죽는다. 따라서 유머 있는 조직 분위기를 살려내고, 그러한 분위기가 현장에 활용될 수 있도록 하는 유머 관리자의 역할은 절대적으로 중요하다.

사우스웨스트 항공사가 유머적인 기업의 선두 위치에 설 수 있었던 것은 유머에 관한 허브 켈러허 회장의 경영 철학이 있었기 때문이다. 그리고 이것을 조직 문화에 접목시켜 사원들을 모두 유머리스트로 양성하였기에 가능했던 일이다.

일류가 되기 위해서는 상품의 질이나 서비스만으로는 부족하다. 고객을 사로잡을 수 있는 독특한 기업 문화가 정착되어야 한다. 경영자의 이념을 일방적으로 섬기는 관료적인 문화가 아니라 구성원과 고객이 함께하는 기업 문화라야 한다. 나는 이것을 유머 문화라고 부르고 싶다.

5장

유머로
협상력을
높여라

비난이나 불평을 하지 마라.

솔직하고 진지하게 칭찬과 감사의 마음을 전하라.

다른 사람에게 순수한 관심을 보여라.

미소를 지어라.

경청하는 태도를 가져라.

상대방의 관심에 대해 말하라.

유머로 말하고 유머로 들어라

웃음이 없는 사람은 가게문을 열지 마라.

— 중국 속담

"저 말입니까를 영어로 하면?"

"Am I horse?"

인간은 사회적 동물이며 언어적 동물이다. 따라서 커뮤니케이션은 인간관계의 근본이다. 대인 관계는 커뮤니케이션의 원활한 교환을 통해 가능하기 때문이다. 그러므로 협상의 성패 또한 커뮤니케이션의 능력에 달려 있다. 똑같은 말이라도 누가 어떤 태도로 전하느냐에 따라 뉘앙스나 강도는 완전히 달라질 수 있다.

리더에게 협상 능력이 부족하다는 것은 자질이 부족하다는 뜻이다. 때로는 난관을 돌파하고 위기를 기회로 만들어야 하는 것이 리더의 역할이기 때문이다.

커뮤니케이션이라는 말에는 '공유'라는 의미가 담겨 있듯이 협상은 상호 교류와 관계를 통하여 아이디어, 정보, 지식 등의 메시지를 주고받는 과정에서 진행된다. 따라서 조직 내에서 커뮤니케이션보다 우선하는 것은 없다.

조직의 성패 여부는 지식이나 학벌, 학위보다는 커뮤니케이션의 문제이기 때문이다. 협상은 곧 커뮤니케이션이라고 할 수 있다.

말 한마디로 천 냥 빚을 갚는다는 속담은 말의 중요성을 대변한다. 특히 조직 생활에서의 대화는 스트레스를 극복하고 일하기 좋은 일터를 만들어가는 데 필수다. 어떠한 언어를 사용하느냐 하는 것은 곧 그가 어떠한 사람인가를 말해 주는 것이다.

또한 부드러운 언어, 곧 유머적인 대화는 어느 한편의 승리가 아니라 서로를 승리로 이끌어주는 윈윈 관계를 맺어나가는 협상 기술이다.

대화를 통한 협상 기술을 향상시켜 나가기 위해서는 다음과 같은 기법을 활용할 수 있다.

○ 유머를 효과적으로 사용하고 있는가.
○ 대화의 핵심을 파악하고 있는가.
○ 대화에서 얻고자 하는 것이 무엇인지 알고 있는가.
○ 공감할 수 있는 분위기를 만들어가고 있는가.

○ 상대방에게 이익을 줄 수 있는 대화 기법을 구사하고 있는가.

○ 상대방의 입장을 제대로 파악하고 있는가.

○ 인내심을 갖고 경청하는가.

○ 말을 너무 많이 하는 것은 아닌가.

○ 자기 입장에서만 주장하는 것은 아닌가.

○ 질문을 적절히 하고 있는가.

○ 상대의 실수를 감쌀 수 있는가.

간단하고 재미있게 말하라

사람은 누구나 아침에 집을 나설 때
행복을 찾아 나선다.
— 스탕달

처음 결혼식 주례를 서게 된 김 교수는 신랑 신부에게 이런 농담
을 했다.

"제가 처음이라 좀 서투른 데가 많았습니다. 다음에 다시 불러주
면 그때는 멋지게 주례를 보겠습니다."

유머 리더가 사용하는 언어는 간단하고 핵심을 찌르는 내용이라
야 한다. 말을 가로막지 말고 그가 원하는 바를 충분히 이해한 후 간
단 명료하게 응대하는 방식이다. 말을 많이 할수록 설득하기 어려운
법이다. 협상은 언어만으로 하는 것이 아니기 때문이다.

세일즈 파트에서도 직원이 말이 많을수록 고객은 짜증을 내게 되고 불신하게 된다는 평가가 있다. 협상 시에 사용할 수 있는 대화의 원칙으로 '2S 1W'를 들고 있다. 이것은 짧게 말하기^{Short}, 짠 소금처럼 핵심을 찌르기^{Salt}, 그리고 재치^{Wit}를 의미한다.

옛말에 촌철살인이라는 말이 있고, 세 치의 혀가 육신을 죽인다는 말도 있다. 이는 대인 관계에서 말의 중요성을 잘 대변하는 말이다.

한편 말하는 것을 들으면 그 사람이 어떤 사람인지 알아볼 수 있다고 한다. 말의 내용과 태도 등에서 그 사람의 교육 수준, 가치관, 직업, 개성 등을 엿볼 수 있기 때문이다.

일선에서 근무하는 직원의 말 한마디 한마디는 그 사업장이나 회사의 이미지를 나타내며, 서비스 수준을 말해 준다. 또한 직원의 말투는 그 회사의 교육 수준을 말해 주며 경영자의 관리 능력도 나타내준다. 뿐만 아니라 그 회사 제품이나 시설 환경, 분위기, 마케팅 전략을 반영하기도 한다. 따라서 언어 역시 제2의 상품이라 할 수 있다.

간단하게 말하라. 재미있게 말하라. 유머로 말하라. 그리고 정확하게 답변하라. 그러기 위해서는 상대방의 말에 귀 기울이며 항상 상대의 마음 가운데 설 수 있는 준비가 되어 있어야 한다.

다음에 열거된 항목을 참고하여 자신의 언어 표현은 어떠한지를 확인해 보라.

○ 알기 쉬운 언어를 구사하고 있는가.
○ 표준어를 정확히 사용하고 있는가.

○ 전문 용어는 피하고 있는가.

○ 부드러운 언어를 사용하는가.

○ 따뜻한 언어를 사용하는가.

○ 긍정적인 언어를 사용하는가.

○ 유머를 활용하는가.

○ 재미있는 사례를 들고 있는가

○ 공감할 수 있는 언어를 사용하는가.

장사꾼처럼 말하지 마라

품위 있는 유머는 상대방을 부드럽게 사로잡는다.

— 품위 유머 닷컴

"인생은 굿이라고 늘 말하는 사람은?"

"무당."

말엔 품위가 있어야 한다. 믿음이 있어야 하고, 공감할 수 있어야 한다. 또한 생명이 있어야 한다. 설득력이 있어야 하고, 상대방 수준에 맞는 언어를 택할 수 있어야 한다. 그리고 유머적이어야 한다.

진실성이 결여되면 협상에서 이길 수 없다. 협상에서 이기고 유리한 입장에 서기 위해서는 언제나 진실에 바탕을 두어야 한다. 듣기 좋은 말이나 미사여구는 한순간 도움이 될지 모르나 거래 관계를 지속시키고 협상 조건을 향상시키는 데는 도움이 되지 않는다.

최적의 상황을 파악한 자는 결과적으로 협상에서 승리하게 된다. 왜냐하면 상황을 정확하게 판단함으로써 말을 적절하게 구사하여 신뢰를 형성하기 때문이다.

예를 들어 불평하는 고객을 대하거나 윗사람에게 해명해야 할 일이 있을 때일수록 간단하고 진실한 언어를 사용할 줄 알아야 한다. 말의 내용보다는 태도가 더 믿음을 주기 때문이다. 아무리 메시지가 뛰어나도 말하는 사람의 인격을 믿지 못하면 그 메시지는 신뢰할 수 없다. 이처럼 진실한 메시지를 전할 수 있는 기술이 필요하다.

협상 테이블에 앉기 전에 다음과 같은 사항을 점검해 보라.

○ 믿음을 줄 수 있는 자세를 갖추고 있는가.

○ 일방적으로 이야기하지는 않는가.

○ 상대방의 수준에 맞추어 대화하는가.

○ 입으로만 말하지는 않는가.

○ 틀에 얽매이지 않고 자연스럽게 말하는가.

○ 상황에 맞는 적절한 표현을 하는가.

○ 장사꾼처럼 말하지는 않는가.

○ 강요하는 듯한 느낌을 주지는 않는가.

다음과 같은 언어적인 요소를 갖고 본인의 스피치 태도를 평가하고 개선 방안을 제시해 보라.

244

○ 표준어 사용, 상대방에 대한 배려

○ 억양, 목소리 크기, 말하는 속도

○ 표현력, 설득력, 전화매너

○ 유머 사용, 간결하게 말하기

상대의 우뇌를 자극하라

까다로운 미인을 얻는 방법은 논리가 아니라
마음을 사로잡는 아주 작은 배려다.

— 임봉영

"지구가 도는 이유는?"
"지하에 석유가 있어서."

21세기 서비스 사회는 감성 소비 시대다. 가격, 품질, 기능, 수명을 평가하는 이성적 소비가 아니라 가치와 편리성을 중시하는 감성적 소비가 좌우하는 시대다. 이들은 오감을 통하여 생각하고 판단하기 때문에 홍보 또한 감성적인 방향에서 할 필요가 있다.

특히 협상 테이블에서 이성적인 논리보다는 감성적인 교류를 통한 공감대를 형성해 나가는 것이 무엇보다도 중요하다. 기업체에서 최근에 활용하고 있는 감성 마케팅 혹은 오감 마케팅 기법이 고객의 구매 심리 자극을 뛰어넘어 고객을 행복하게 하는 서비스 기법으로 각광받고 있는 이유도 여기에 있다.

우뇌를 감염시켜 나가야 한다. 우뇌는 좌뇌보다 감염 정도가 빠르며 주변 사람에게 간접적으로 감염시킬 확률이 크기 때문이다.

○ 상품을 팔지 말고 가치를 팔아라.
○ 감성 바이러스를 퍼뜨려라.
○ 이성적 존재로 보지 말고 감성적 존재로 대하라.

협상 테이블에서는 항상 좌뇌로 생각하고 우뇌로 말하라. 인간의 뇌는 좌우로 구분하여 각기 제 기능이 다르다고 한다. 인간 뇌에 대한 연구로 노벨의학상을 받은 로저 스페리 박사에 의하면 좌뇌는 논리, 수리, 물리, 기호학 등에 뛰어난 능력을 갖고 있으며, 우뇌는 언어, 감성 등 정서적인 분야에 뛰어난 기능을 보인다고 한다. 그러므로 유머 리더는 우뇌를 집중적으로 연구하고 이를 발전시켜 나가는 노력이 필요하다.

논리적으로 대화하고 설득하는 데는 한계가 있다. 우뇌에 에너지를 불어넣어 서로 만족할 수 있는 능력을 발휘해야 한다. 그것이 협상에서 분위기를 리드해 나가는 일이다.

어떤 노숙자가 깡통을 앞에 놓고 구걸을 하고 있었다. 깡통이 두

개인 것을 본 어느 시민이 궁금하여 물었다.

"요즘은 벌이가 꽤 괜찮은가 보죠? 깡통을 두 개씩이나 놓고 있으니."

"모르는 소리 마쇼. 먹고 살기 힘들어 오늘부터 체인점을 냈다우."

우뇌를 자극하는 협상 기법에는 다음과 같은 것들이 있다.

○ 지금 옆에 있는 사람의 우뇌에 호소하라.

○ 감성을 자극하라.

○ 상품과 서비스에 오락적 기능을 팔아라.

○ 오감을 자극하는 유머를 생산하라.

○ 웃음이 없는 대화는 아직도 벽이 있다는 증거라고 생각하라.

○ 유머로 생각하고 유머로 말하라.

○ 유머는 낯선 사람을 만날 때 등불이 되어준다고 생각하라.

○ 유머의 깃발을 들고 나가라.

끝까지 들어라

공감적 경청이야말로 가장 강력한 협상 기술이다.

― 스티븐 코비

"과거에는 여성들이 덜 떨어진 남자를 버렸다면 요즘은 어떤 남자
를 버릴까?"

"돈 떨어진 남자."

어느 사장은 이런 웃지 못할 훈시를 남겼다.

"사공이 많으면 배가 산으로 간다는 속담이 있습니다. 여럿이 힘
을 모으면 이루지 못할 일이 없다는 겁니다. 다시 한 번 강조하지만
여러분 모두가 우리 회사를 이끄는 사공이 되어주십시오."

홀륭하다고 칭찬받는 의사들은 대개 병을 잘 치료하는 의사가 아니라 환자의 고통을 잘 들어주는 의사다. 평소 위염 증세가 있어 동네 의원을 찾았다. 그 병원은 겉보기와 달리 환자들이 줄을 지어 기다릴 정도로 붐볐다. 그 이유가 궁금했던 나는 의사와 면담하는 과정에서 해답을 찾아냈다. 그것은 환자의 이야기를 빠짐없이 기록하며 들어준 의사의 태도 때문이었던 것이다.

환자들은 대개 권위적인 의사 앞에서 말 한마디 못하고 일방적으로 이야기를 들어야 하는 고통을 겪는다고 한다. 따라서 똑같은 약을 처방해도 자신의 고통을 들어주고 마음 놓고 이야기하도록 유도하는 의사라면 신뢰가 클 수밖에 없다.

말을 잘하는 사람은 바로 남의 말을 잘 듣는 사람이라고 한다. 이와 연관하여 말을 많이 하면 할수록 고객의 신뢰감은 떨어진다는 말도 귀담아봄 직하다.

"철수 엄마는 4남 4녀를 두었습니다. 그 아이들의 이름은 일남이, 이남이, 삼순이, 사순이, 오남이, 육남이, 칠순이 등입니다. 그렇다면 막내 아이의 이름은 무엇일까요?"
"철수."
"왜?"
"처음에 철수 엄마라 했잖아."

모 회사에서는 간부 회의가 끝나고 나면 간부들이 줄지어 사장실

앞에 대기하느라 분주하다고 한다. 회의 중에 직원들에게 발언할 기회를 주지 않고 사장 혼자 떠들어대기 때문에 못다한 회의를 처리하기 위해서란다.

말은 부족해도 문제지만 지나쳐도 효과를 발휘하지 못한다. 그러나 말을 많이 하려고 하기보다는 가능한 한 상대방이 말을 많이 할 수 있도록 여건을 조성하는 것이 중요하다. 특히 클레임을 요구하는 고객 앞에서 이야기를 많이 하려 들면 문제를 악화시킬 수도 있다.

123화법이라는 게 있다. 나의 이야기는 1분 이내에 끝내고, 상대방이 2분 이상 이야기하도록 분위기를 유도하며, 3번 이상 맞장구쳐서 공감대를 이끌어내는 대화 기법이다. 여기에 유머 한두 가지를 첨가하면 금상첨화다. 듣는 자세가 뛰어나면 어떠한 협상이나 문제도 쉽게 풀어갈 수 있다. 화가 난 고객을 대할 때도 성의껏 들어주는 태도는 매우 중요하다. 잘 들어주기만 해도 상대방을 진정시킬 수 있고 설득하기도 쉽다.

코미디언이 가장 무서워하는 것은 청중의 하품이다. 코미디로써 청중을 웃게 만들어야 하는 입장이니만큼 이보다 더 무서운 게 있겠는가.

커뮤니케이션에서 경청 기술은 효율적인 커뮤니케이션 효과를 나타내는 데 중요한 역할을 한다. 최고의 커뮤니케이터는 가장 훌륭한 경청자라고 한다.

이처럼 정성껏 귀 기울이는 태도는 커뮤니케이션 과정에서 매우 중요한 것이다. 경청이란 단순히 귀로 듣는 것 이상, 즉 상대방의 입장에서 듣고 이해하려고 노력하는 의지이기 때문이다.

"먼저 상대방을 이해하려고 노력한 다음 자신을 이해시켜라. 이 원칙이야말로 효과적인 대인 관계 커뮤니케이션의 열쇠다"고 스티븐 코비 박사는 충고한다. '경청은 두 귀로 사람을 설득시키는 방법' 이라는 말도 있다. 데일 카네기는 경청의 중요성에 대하여 "사람들에게 영향을 미칠 수 있는 비결은 훌륭하게 말하는 사람에게 있는 것이 아니라 경청하는 사람에게 있다"고 강조한다. 훌륭한 경청자보다 더 설득력이 강한 사람은 없다는 것이다.

고객을 대하는 서비스 리더에게 경청의 태도는 서비스의 품질이나 고객 만족과 직결된다. 역지사지易地思之의 자세로 고객의 입장이 되어 문제를 해결하려고 한다면 고객의 불평불만을 쉽게 해결할 수 있을 것이다.

경청이 얼마나 중요한 효과를 나타내는가는 위약僞藥. 플라시보 효과에서도 확인할 수 있다. 스트레스성 과민환자에 대하여 환자의 고충을 들어주지 않고 진짜 치료약을 처방한 경우가 있고, 환자의 고충을 끝까지 들어준 뒤 비타민제를 약이라고 하여 처방한 경우가 있다. 그 결과, 진짜 약을 먹은 환자는 낫지 않은 반면 비타민제를 약으로 믿고 먹은 환자는 나았다.

이 경우는 커뮤니케이션의 효과를 증명하는 단적인 예다. 유머 리더는 다음과 같은 원칙으로 상대방의 말에 귀 기울이는 습관을 계발해 나가야 한다.

첫째, 상대방의 입장에서 생각한다.

커뮤니케이션의 효과는 상대방이 원하는 것을 먼저 파악하고 상대의 입장에서 대화를 해나가는 일이다. 특히 불평 고객을 대할 경우 "제가 손님 입장이라 해도 똑같은 감정을 느낄 겁니다"라는 감정을 전달하여 상대를 충분히 이해하고 있음을 나타내는 것이 중요하다.

둘째, 상대가 말하는 바가 무엇인가를 이해하라.

핵심을 파악하지 않고서는 상대를 설득시킬 수도 공감할 수도 없다. 상대방이 의도하는 바가 무엇인지를 제대로 해석하는 것이 바로 경청의 핵심이다.

셋째, 인내심을 갖고 끝까지 경청한다.

"내가 발견한 커뮤니케이션 요소 중 가장 중요한 것은 듣는 것이다. 듣는다는 것은 수동적인 과정이 아니다." 이것은 커뮤니케이션의 대가인 케빈 호건의 말이다. 훌륭한 의사일수록, 훌륭한 커뮤니케이터일수록 듣는 것이 말하는 것보다 효과가 크다는 사실을 잘 알고 있다. 듣는다는 것은 상대방을 인정하고 배려하는 마음의 전달이기 때문이다. 고객이나 환자의 입장에서는 일방적으로 의사의 전문 지식을 듣거나 서비스 매뉴얼을 듣고 싶은 게 아니라 정서적으로 배려가 담긴 이해를 원하는 것이다.

넷째, 불평을 말하게 하라.

제품 또는 기업체에 대해 불평을 느낀 고객 중에서 실제적으로 불평불만을 제기하는 사람은 단지 4퍼센트밖에 안 된다는 통계가 있다. 이것은 기업 파탄의 징조다. 불평과 불만을 접수받지 못하고 항의할 수 없는 풍토라면 그 기업의 서비스 문화가 낙후돼 있다는 것이다. 자넬 발로는 "불평하는 고객이 초일류 기업을 만든다"고 역설한다. 고객의 불평을 선물로 받아들일 줄 알아야 한다는 것이다. 불평 고객의 말을 귀담아 들으면 그 고객은 옹호 고객이 되고 머지않아 충성 고객으로 발전하게 될 것이다.

협상 테이블에서 승리하는 경청 기법에는 다음과 같은 테크닉을 활용할 수 있다.

○ 메시지에 초점을 맞추고 있는가.

○ 솔직한 피드백을 주는가.

○ 편견 없이 듣고 있는가.

○ 감정적인 반응을 자제하고 있는가.

○ 상대방의 입장을 이해하는가.

○ 상대방이 자유롭게 말하도록 유도하는가.

○ 인내심을 갖고 경청하는가.

임붕영 교수의 유머&FUN 교육 프로그램 안내

유머교육 특징

- 웃음과 재미 그리고 유머가 흘러넘치는 교육으로 구성원 모두 하나가 되는 팀을 만들어 나감
- 기존의 일방적인 지식전달이나 판에 박힌 교육이 아니라, 함께 참여하는 창의적인 교수법으로 실제 업무현장에 활용할 수 있는 재미 넘치는 콘텐츠로 구성됨
- 자기관리, 기업 경영, 조직 문화, 리더십, 변화관리, 서비스, 고객관리, 화술, 코칭, 커뮤니케이션, 성과 창출에 유머기법을 도입하여 재미와 유머가 넘치는 유쾌한 조직으로 만들어 나감

유머강의 프로그램

- 즐거운 일터, 유머 직원 만드는 FUN경영
- 유머 리더십 개발 기법
- 고객을 춤추게 하는 유머 서비스
- CEO, 관리자 등 리더의 유머개발 지도
- 웃음이 함께하는 유머특강
- 유머화법과 유머코칭

기대효과

- 즐겁고 신나는 일터를 통해 유머일꾼이 되어 가는 유머 경영 기법을 터득함으로써 개인과 조직의 성과를 창출하는 데 기여
- 일과 재미를 하나로 묶어 구성원들의 자발적인 참여를 이끌어 내고, 신나는 일터와 조직구성원 간의 신뢰형성과 감성교류를 통한 웰빙 트렌드에 맞는 창의성 향상과 성과 창출을 유도해 나가는 유머경영
- 수평적인 조직 문화와 서열을 뛰어넘는 커뮤니케이션 기법을 도입하여 유머와 재미를 만들고, 열정과 창의성이 넘치는 행복한 일터를 만들어 나감

활용도구

- 매뉴얼, 동영상 사례, 플레이북, 그림도구, 게임 등

교육, 컨설팅 문의

- boongyoung@hanmail.net